中华传统美德百字经

恭·恭贤敬长

于永玉 胡雪虎◎编

一段历史之所以流传千古，是由于它蕴涵着不朽的精神；一段佳话之所以人所共知，是因为它充满了人性的光辉。感悟中华传统美德，获得智慧的启迪和温暖心灵的感动；品味中华美德故事，点燃心灵之光，照亮人生之路。

天津人民出版社

图书在版编目（CIP）数据

恭：恭贤敬长 / 于永玉，胡雪虎编．—天津：天津人民出版社，2012.1

（巅峰阅读文库．中华传统美德百字经）

ISBN 978-7-201-07352-1

Ⅰ．①恭…　Ⅱ．①于…②胡…　Ⅲ．①品德教育—中国—通俗读物　Ⅳ．① D648-49

中国版本图书馆 CIP 数据核字 (2011) 第 268363 号

天津人民出版社出版

出版人：刘晓津

（天津市西康路 35 号　邮政编码：300051）

邮购部电话：（022）23332469

网址：http://www.tjrmcbs.com.cn

电子信箱：tjrmcbs@126.com

北京一鑫印务有限责任公司印刷　新华书店经销

2012 年 1 月第 1 版　2012 年 1 月第 1 次印刷

690 × 960 毫米　16 开本　10 印张　字数：100 千字

定价：19.80 元

前言

中国是一个具有悠久历史和灿烂文化的文明古国，也是举世闻名的礼仪之邦。在历史的长河中，中华民族创造出了绚丽多彩的物质文化和精神文化，为人类的发展和进步做出了重要贡献。其中，中华民族的传统美德被大家代代传承。

那么，什么是传统美德？什么是中华民族的传统美德呢？通常来说，传统美德就是在自觉或习俗的道德规范中，一些被大多数人所接受并实际奉行的，而且在现代仍有着积极影响的那些美德。具体到中华民族传统美德，概括起来就是指中华民族优秀的民族品质、优良的民族精神、崇高的民族气节、高尚的民族情感以及良好的民族礼仪等，是中华民族在历史实践过程中积累而成的稳定的社会优秀道德因素，体现在人们生活的方方面面，涉及政治、经济、文化、意识等领域，并通过社会心理结构及其他物化媒介得以代代相传。

经过长期的历史沉淀，中华传统美德已融入到中华民族的思想意识和行为规范中，成为社会道德文化的遗传基因，成为整个中华民族文化的精神内涵，也是中华五千年文明史的精髓所在。继承和弘扬中华民族传统美德，可以振奋民族精神，增强民族自尊心、自信心、自豪感和凝聚力，使社会主义道德规范具有更丰富的内涵，让社会主义、集体主义、爱国主义思想等更加深入人心，成为社会主义文化的主旋律。同时，还可以更好地协调人际关系，促进社会主义市场经济的健康发展，形成有中国特色的、适应社会发展的价值观和伦理道德规范。

国民的思想道德状况，尤其是青少年的思想道德状况，直接关系着一个国家、一个民族的整体素质，关系着国家前途和民族命运。目前，我国已进入改革发展的新时期新阶段，德育教育的价值和意义更是日渐凸显。大力弘扬中华传统美德，建设社会主义核心价值体系，促进社会主义文化的发展和繁荣，是建设全面小康社会的主要任务，更是实现中华民族伟大复兴的必然要求。因此，党中央非常注重我国公民道德建设，全社会也已形成了加强和改进思想道德建设的新风尚。

青少年是国家的希望，是民族不断发展和延续的根本，因此，青少年德育教育就显得更加重要。为了增强和提升国民素质，尤其是青少年的道德素质，我们特意精心编写了本套丛书——《中华传统美德百字经》。

本套丛书立足当前公民，尤其是青少年思想道德教育的现实，将中华民族的传统美德归纳为一百个字，即学、问、孝、悌、师、教、言、行、中、庸、仁、义、敦、和、谨、慎、勤、俭、恤、济、贞、节、谦、让、宽、容、刚、毅、睦、贤、善、良、通、达、知、理、清、廉、朴、实、志、道、真、立、忠、诚、公、正、友、爱、同、礼、温、信、尊、敬、恭、恕、责、仪、精、专、博、富、明、智、勇、力、安、全、平、顺、敏、思、积、利、健、率、坚、情、养、群、严、慈、创、新、变、革、争、谏、诲、齐、省、克、竞、求、简、洁、强、律。丛书内容丰富、涵盖性强，力图将中华民族传统美德的内涵囊括进去。丛书通过故事、诗文和格言等形式，全面地展示了人类永不磨灭的美德：诚实、孝敬、负责、自律、敬业、勇敢……

这些故事在中华民族几千年的历史长河中，一直被人们用来警醒世人、提升自己，用做道德上对与错的标准；同时通过结合现代社会发展，又使其展现了中华民族在新时代的新精神、新风貌，从而较全面地展示了中华民族的美德。

在本套丛书中，为了帮助读者更好地理解这些源远流长的传统美德，我们还在每一篇故事后面给出了“故事感悟”，旨在令故事更加结合现代社会，结合我们自身的道德发展，以帮助读者获得更加全面的道德认知，并因此引发读者进一步的思考。同时，为丰富读者的知识面，我们还在故事后面设置了“史海撷英”、“文苑拾萃”等板块，让读者在深受美德教育、提升道德品质的同时，汲取更多的历史文化知识。

这是一套可以打动人心灵的丛书，也是可以丰富我们思想内涵的丛书……《中华传统美德百字经》向我们展示的是一种圣洁的、高尚的生活哲学。无论在任何社会、任何时代，给予人类基本力量的美德从来不曾变化。著名的美国政治家乔治·德里说：“使美国强大的不是强权与实力，而是上帝赐予的美德。假如我们丢失了最根本且有用的美德，导弹和美元也不能使我们摆脱被毁灭的命运。”在今天，我们可能比任何时候都更应关心道德问题，尤其是青少年的道德问题，因为今天我们正逐渐面临从未有过的道德危机和挑战。

人生的美德与智慧就像散落的沙子，我们哪怕每天只收集一粒，终有一天能积沙成塔，收获一个光辉灿烂的明天。《中华传统美德百字经》中的美德故事将直指我们的内心，指向人性中善良的一面，唤起我们内心深处的道德感。因此，中华民

族的传统美德也一定会在我们的倡导和发扬之下，世世传承，代代延续！

全套丛书分类编排，内容详尽、文字优美、风格独具，是公民，尤其是青少年思想道德建设的优秀读物。愿这些恒久流传的美文和故事能抚平我们每个人驿动的心，愿这些优秀的美德种子能在青少年身上扎根、发芽、生长……

导言

恭贤敬长是中华民族的传统美德，是华夏文化教育的优秀历史遗产，也是社会精神文明建设和提高民族素质的保证，同时也是时代进步的关键因素之一。

恭贤，就是能礼贤下士、尊重人才、敬贤惜贤；敬长即能够尊师敬老。

翻开典籍，爱才佳话俯拾皆是。萧何“月下追韩信”，刘备“三顾茅庐”，这种求贤若渴之心，千古流传。识才之智，当推伯乐。世有伯乐，然后有千里马。若无伯乐，千里马便可能湮没于众生。容才之量，莫过齐桓公。任贤而不避仇，他能够包容、重用一个曾经刺杀过他的人，海纳百川，也莫过于此。

真正的尊重人才是主动招贤、敬贤、让贤，真正做到知人善用，人尽其才，真正要有爱才之心、识才之智、容才之量、用才之艺。

历史无数次证明，“国以人兴，政以才治”。什么时候尊重人才，什么时候事业就会兴旺。汉室奠基是如此，三国鼎立是如此，小康大业，也概莫能外。因此，在爱才上，不能任人唯亲，要做到唯才是举；在识才上，要练就一双慧眼，“剖石为玉，淘沙为金”，眼界务宽，不能搞小圈子；眼力务准，听其言，观其行，要用宽广的心胸对待人才。对一时有过错之人，不能吹毛求疵，一棍子打死，致使“一时的过失而掩才”。

“选贤任能也是革命”。继提出人才强国战略之后，我国又郑重提出人才原则，尊重人才之重要由此可见一斑。

由此观之，人才就像阳光一样，能带来光明；人才就像发动机一样，能推动历史前进；人才就像金刚钻一样，能攻克前进道路上的重大困难。哪一个历史时期尊重人才，哪一个历史时期就充满光明，繁荣昌盛。

人类之所以区别于其他动物，就是人类具有感情和理智。有恩有爱，是人类生活中最灿烂、最绚丽的文明之花。滴水之恩，当涌泉相报，是人类广为传诵的美德。

尊师敬老是中华民族的优良传统，作为传承知识和阅历的教师和长者，他们辛苦了大半辈子，为我们积累了许多经验和智慧，对社会的发展有着指导性作用。

师者与长者也是人类文明的传播者和建设者。人类文明的发展具有连续性。一个社会、一个国家、一个民族，如果没有他们辛勤有效的社会劳动，那么这个社会、国家和民族的文明进程就会中断或遭受损失。我们是社会主义国家，师长与长者应该比任何时代更加受到尊重。

师者与长者的责任是重大的，所以他们应当受到全社会的尊敬。古人说过："国将兴，必赞师而重傅。"尊师、敬老、爱老是中华民族的传统美德，是先辈传承下来的宝贵精神财富。

目录

第一篇　礼贤下士

第二篇　举贤·任贤·敬贤

ZHONGHUACHUANTONGMEIDEBAIZIJING

中 华 传 统 美 德 百 字 经

恭 · 恭贤敬长

第一篇

礼贤下士

齐桓公礼贤下士

◎其在朝廷，鲠亮谦介，为宗臣表，礼贤下士有终始，尝引李巡、张参在幕府。——《新唐书·李勉传》

齐桓公（？—前643），春秋·齐国第十五位国君，姜姓，名小白。齐僖公的孙子，齐襄公的次弟。春秋五霸之首。齐襄公和齐君无知相继死于内乱后，小白与公子纠争位成功，即国君位为齐桓公。桓公任管仲为相，推行改革，实行军政合一、兵民合一的制度，齐国逐渐强盛。桓公于公元前681年在甄（今山东鄄城）召集宋、陈等四国诸侯会盟，齐桓公是春秋时期第一个充当盟主的诸侯。

齐桓公想要富国强兵，于是他礼贤下士，下令广开言路。为了便于四面八方的士人夜晚前来献计献策，特在大门里边燃起薪火，照亮来路，并设侍卫人员，随时以礼接待。这样一直等了一年，竟没有一个士人来求见。

一天，有个齐东的人自称会“小九九算法”，求见桓公，负责接待的人笑话他说：“‘小九九算法’一般小孩儿都会，你就凭这点能力值得求见国君吗？”

齐东人回答说：“我听说君王礼贤下士，广开言路，并在晚间点燃薪火照路，可一年了竟没有一个士人来，你知道原因吗？就是因为他们都认为君王是天下最聪明的人，会看不起他们，所以没人敢来啊。为了广开进贤之路，我只会‘小九九算法’，却连末道小技也算不上，但还能得到君王礼遇，那么比我有才能的人受到启示，就会联翩接踵而来了。泰山不弃微尘，江海不辞细流，所以才能成就它们的高大啊！”

负责接待的人把齐东的话转告给桓公，桓公说：“客人讲的话很有道理，快请进来，以礼待为上宾。”

一个月过去了，桓公以礼接待齐东的事传开了。四面八方的士人互相传说，互相引导，献计献策的士人纷纷而至。以小引大，群策群力，百业大兴，齐国从此富强起来了。

一次齐桓公在麦丘（今山东商河县西北）猎白鹿时遇见一位83岁的老翁。齐桓公羡慕老翁高寿，与他喝酒并对老翁说："为什么不向我祝福呢？"

老翁回答说："我是个大老粗，不知道如何为国君祝福？"

齐桓公说："就借用你的高寿来为我祝福吧！"

老翁举杯一拜说："祝我们的国君万寿无疆。金玉是不值钱的，而百姓才是无价之宝啊！"

齐桓公高兴地说："这是多好的祝福啊！我听说高尚的品德一定不止这一点，好话必有第二句，请老先生再说说吧！"

老先生又举起酒杯，再拜说："祝我们的国君勤奋学习，不耻下问，希望在您的周围都是四方的贤士，并且敢于给您提意见的人能得到重用。"

齐桓公更高兴地说："多好的祝福啊！高尚的品德一定会不止这一点，好话应该还有第三句，请老先生再说说吧！"

老先生又举杯再拜说："不要让群臣和百姓得罪我们的国君，也不要让我们的国君得罪群臣和百姓。"

齐桓公听了这第三句话，很不高兴，脸色都变了，说："老先生，快改掉这句话吧！它可没有前两句好。"

听了齐桓公的话，老先生老泪纵横，伤心地说："国君啊！请您再仔细想一想，这一句可是最好、最重要的话啊！我听说，如果儿子得罪了父亲，可以由母亲、姑母、姐妹去向父亲请罪，得到父亲的宽恕；如果臣子得罪了国君，可以由国君身边的人向国君请罪，得到国君的赦免。而夏桀得罪商汤，殷纣得罪武王，这是国君得罪了臣子，直到现在，他们的罪还是不能赦免。"

齐桓公情不自禁地说："太好了，太好了！托祖宗的福，靠神灵的保佑，让我在这里遇见了你。"

于是，齐桓公恭恭敬敬地扶老翁坐在上位，并且亲自驾车载他回朝，用隆重的礼节接待，并请他参与朝政大事。

◎史海撷英

尊王攘夷

齐桓公执政以后，在管仲等贤臣的辅佐下，经过多方面的改革，奠定了雄厚的物质基础和军事实力。于是，齐桓公适时地提出了“尊王攘夷”的口号。

“尊王”，就是尊崇周天子的权力，维护周王朝的宗法制度。公元前655年，周惠王表示出有另立太子的想法。齐桓公会集各路诸侯，与周天子建立盟约，以确定太子的正统地位。公元前651年，齐桓公又在葵丘召集鲁、宋、曹等国的国君及周公宰孔。在这里，周公宰代表周王，正式封齐桓公为诸侯长。同年秋天，齐桓公又以霸主的身份，主持了葵丘之盟。此后，每每遇到侵犯周王室权威的事，齐桓公都会出面干预。

“攘夷”，即当游牧于长城外的戎、狄和南方楚国对中原诸侯侵扰时进行抵御。伐楚之役，抑制了楚国向北扩张，保护了中原诸国。

齐桓公实行的“尊王攘夷”政策，使自己的霸业变得更加合法合理，同时，此举也保护了中原经济和文化的发展，为中华文明的存续作出了重要贡献。

◎文苑拾萃

姜齐二王墓

二王墓也叫二王陵，俗称二王冢，又称齐王冢。据文献记载，二王墓为姜齐桓公小白和景公杵臼的陵墓。

该墓位于山东省临淄城的东南方向、齐陵镇郑家沟村西南的鼎足山上。鼎足山因紫金山、牛首岗、菟头山呈三足鼎立而得名，二王墓就坐落在三座山的中间。两座高大的陵墓东西方向排列，东西总长为320米，南北长约190米，高约30米，方基圆坟，气势雄伟。其中，西冢的墓基长约190米，仿佛有三层，逐层收缩，高约12米；东冢的圆坟比西冢要稍矮，晋永嘉末年曾被盗掘。

晏子敬贤

◎长才靡人用，大厦失巨楹。——邵谒

晏婴（前578—前500），字仲，谥平，习惯上多称平仲，又称晏子，夷维人（今山东莱州）。春秋后期一位重要的政治家、思想家、外交家。晏婴是齐国上大夫晏弱之子，以生活节俭，谦恭下士著称。据说晏婴身材不高，其貌不扬。齐灵公二十六年（前556）因父亲晏弱病死，继任上大夫。

晏子是春秋时期齐国有名的贤相。他机敏过人，善于辞令，节俭勤勉，谦虚谨慎，曾在齐灵公、齐庄公、齐景公三朝任相国，名闻各诸侯国。晏子一生，有过很多众口皆碑的故事。这里说的是几则关于他敬贤、荐贤的故事。

一天，晏子外出办事。天气很热，他叫手下人把车子驾到一个镇子边歇息一会儿。晏子刚在路边坐下，就看见旁边一棵大树下聚集着很多人。这些人围着一辆囚车，正在听车上的犯人讲什么。晏子很奇怪，就走近观看。只见讲话的人约40岁年纪，相貌不凡，虽被扣押在囚车里，却没有痛苦抱怨的情绪，相反还正在给围在身边的人讲着古代圣贤治国的故事。晏子听了一会儿，觉得这个人学识渊博，口才很好，便将押解犯人的差官叫来询问。

差官看见是相国大人在问话，便恭恭敬敬地回答："启禀大人，此人叫越石父，犯了罪，正要将他押解到临淄去。"

"越石父？"晏子觉得这个名字似乎很熟悉，但又想不起来。他想了想，对差官说，"我能不能同这位先生单独说会儿话？"

“当然可以，当然可以。”差官连忙回答。说完，便走过去驱散人群，将囚车推了过来。

晏子打量着囚车上的犯人，车上的犯人也在看着他。虽然已经知道眼前的人是齐国的相国，但表情非常冷静，毫无惧怕的神色。

“先生，”晏子开口说道，“刚才听你讲到古代圣贤的事，我知道先生是个不凡之人。可否请教先生治国的方法呢？”

“相国大人，”越石父在车上施礼说，“说请教，实在不敢当。说到治国，我想，古已有法，我们何不效仿呢？”

“哦，你说说看，什么是古代治国之法？”晏子问道。

“大人，古代治国之法，重要的在于‘养民’，使老百姓能休养生息，安居乐业，懂得礼节。要做到‘养民’，首先就要做到减少刑罚，减轻赋税。减少刑罚，则老百姓不怨恨；减轻赋税，则老百姓知道感恩……”犯人侃侃而谈。

“有道理，说得有道理。”晏子听了很高兴，他知道，自己遇到了一个有才能的人。

晏子立即叫手下人将驾车的马解下一匹，向差官赎回了越石父，并亲自为越石父解开绳索，请他坐到自己的车上，然后拉着他一同返回相府。一路上，晏子同越石父谈得很投机。

回到相府，晏子和越石父一同来到客厅。晏子因为一路上走热了，加上同越石父谈得很高兴，就进到内室更衣，准备换了衣服出来同越石父继续谈。

过了一会儿，晏子换好衣服出来，坐下正要跟越石父谈话，越石父突然站起来，向晏子行了一个礼，说：“大人，谢谢你赎出了我。现在，我请求同你绝交，请允许我告辞。”

“什么！”晏子听了很吃惊。他想：刚刚还好好的，怎么突然就变了？是不是自己做了什么失礼的事？究竟为了什么？

晏子急忙也站起身，正了正帽子，整理了一下衣服，严肃地说：“先生，我晏婴虽然没有什么才能，但刚刚将你从困境中解救出来，你为什么那么快就要同我绝交呢？”

“不对，大人。”越石父又行了个礼说，“我听说君子可以在不了解自己的人面前受些委屈，而在了解自己的人面前志向就可以得到实现。刚才我在被囚禁中，别人不了解我。您既然受到感动将我赎了出来，这就是了解我。了解我就应该尊重我。而您刚才回到家里，没有同我打招呼就到内室去，过了好一会儿才出来，这就是失礼。既然了解我又对我无礼，那我还不如仍然回到牢狱中去。”

晏子听了越石父一席话，心里有些生气，觉得越石父太过分。但转念一想，又觉得他说的话也有道理，自己确实有些失礼。再说，从刚才的接触中已经了解越石父的确是个有才能的人，这样的人才不能放过啊。

想到这里，晏子急忙向越石父道歉。从此，他将越石父待为上客。后来，他又将越石父推荐给齐王，齐王拜越石父做大夫。

晏子有一个车夫，人很聪明，也很勤快，他觉得能为相国大人赶车是很光荣的差事。因此平时言谈中，不知不觉表现得有些傲气。

有一天，晏子外出，车夫替他赶着车从街上经过。街上的人听说相国大人的车马驾到，都纷纷站在街边观看。晏子的车驾从车夫家门外经过，车夫的妻子听说了，就从门缝里往外看。只见相国的车子上竖着一把大伞，自己的丈夫站在大伞下驾车，穿着红色的丝绸衣服，在阳光下显得格外刺眼，挺着胸脯，一手扬着马鞭，脸上现出洋洋自得的神情。在他身后，稳稳地端坐着相国大人，穿着一身合体的粗布朝服，表情安详，目光深邃。晚上，车夫回到家里，车夫的妻子就提出要同他离婚。车夫非常奇怪，忙问是什么缘故。

妻子回答说：“我平时经常听你说起相国大人，可从来还没有见过。晏子身高不满六尺，做了齐国的相国，在各个诸侯国中都赫赫有名。可今天我看见他外出时，显得格外谦恭，思想和志向表现得很深沉，脸上完全看不出有傲慢的神气。可是你身高八尺，身材魁梧，只是给别人做车夫，却表现得傲气十足，洋洋自得。我感到很惭愧，因此我要跟你离婚。”

车夫听妻子这么说，连忙诚恳地向妻子认错。妻子又说：“人家晏子身为齐国的相国，穿的是粗布的朝服。我还听说，他在家里，每顿饭不吃两道肉菜，他的妻子也不穿丝绸的衣服。而你只是一个马夫，却穿着丝绸的衣服。对比之下，你是多么浅薄啊！”

车夫被妻子说得惭愧极了。从此以后，他下决心反省自己，处处表现得谦卑退让，虚心待人，就像变了个人似的。

晏子很奇怪，就询问车夫。车夫就把妻子规劝他的整个过程都讲给晏子听。晏子听了很高兴，说："我们做人臣的，就应该做到上朝的时候就想着尽忠，退朝的时候就想着补过。你有了过错马上就能改过，表现出你有很高的涵养，这是多么难得啊！"

后来，晏子把车夫推荐给齐王，并向齐王讲述了车夫改过的故事。齐王就封车夫做了大夫。

◎故事感悟

晏子长期担任齐国的相国，是齐国的"三朝元老"。由于他品行端正，敢于直谏，又克勤克俭，礼贤下士，因此名望很高，地位也很高。晏子尊贤礼士，闻过则改，表现了他作为杰出政治家的重要品德和行为准则。这两个故事也告诉我们，人无完人，选择人才，要唯才是举。

◎史海撷英

晏子辞谢更宅

晏子刚开始担任宰相时，齐景公想改善晏子的居住环境，说："您的住宅靠近市场，低湿狭窄，喧闹多尘，不适合居住，请替您换一所明亮高爽的房子。"晏子辞谢说："君主的先臣我的祖父辈就住在这里。臣不足以继承先臣的业绩，这对臣已经过分了。况且小人靠近市场，早晚能得到自己所需要的东西，这是小人的利益。哪敢麻烦邻里迁居为我建房？"景公笑着说："您靠近市场，了解物品的贵贱吗？"晏子回答说："既然以它为利，怎么能不知道呢？"景公说："什么贵？什么贱？"当时齐景公滥用酷刑，要实行割去脚刑，有人出售假脚的，所以晏子回答说："假脚贵，鞋子贱。"齐景公听后便减轻了刑罚。

◎文苑拾萃

晏子

佚名

志勇凌云霄，巧舌似簧箫。

二桃杀三士，才智比天高。

孟尝君恭贤

◎礼贤下士，圣人垂训；骄多矜尚，先哲所去。——《宋书·江夏文献王义恭传》

孟尝君（？—前279），妫姓，田氏，名文。战国四公子之一，齐国宗室大臣。其父靖郭君田婴是齐威王幺儿、齐宣王的异母弟弟，曾于齐威王时担任军队要职，于齐宣王时担任宰相，封于薛（今山东滕州东南官桥张汪一带），权倾一时。田婴死后，田文继位于薛，是为孟尝君，以广招宾客、食客三千闻名。

战国时期，齐国的孟尝君、赵国的平原君、魏国的信陵君、楚国的春申君都有礼贤下士的美名。他们分别是四国的贵族，在本国有着相当的权势。这四个人彼此仿效，招收门客，为己所用，一时传为佳话，被称为“四公子”。其中最出名的，要算是齐国的孟尝君。

孟尝君叫田文，当时是齐国国君齐湣王的相国。他为了巩固自己的地位，四处广招人才。凡是投奔到他门下的，他几乎都收留下来，供养他们。这种人叫门客，也叫食客。孟尝君为了厚待这些人，几乎把家财都花尽了。传说他接待宾客谈话的时候，就安排一个书记记录他和宾客的谈话内容，并询问宾客亲戚的住址。当客人离开以后，孟尝君就派人到宾客的亲戚家专程问候，并赠送礼物。

有一次，孟尝君招待一个宾客吃晚饭，有个人遮住了灯光，这位客人不明就里，误以为他吃的饭比孟尝君的差，就很生气，放下筷子，便要辞去。孟尝君连忙站起来，拿起自己吃的饭当面同客人比较，并没有两样。这位客人顿时感到十分惭愧，立刻自刭谢罪。这件事传开以后，天下的士人都非常仰慕孟尝君，纷纷来投奔他。

这样一来，孟尝君门下一共养了3000多个门客。其实这些门客中真正有本领的只是少数，不少人只是来混饭吃，过着寄生生活。孟尝君要管这么多人的吃住，开销很大，光靠他的俸禄是远远不够的。他就在自己的封地薛城（今山东滕县）向老百姓放债，靠高利贷的剥削来维持他家的巨大耗费。

孟尝君将他的门客分为三等：上客、中客和下客。上等的客人吃饭有肉，出门可以乘车，住在“代舍”；中等的客人吃饭有肉，但不能乘车，住在“幸舍”；下等的客人只供应粗饭，让其吃饱肚子，住在“传舍”。

有一天，一个高个子的中年汉子，身上穿着破旧的衣服，脚上穿着一双草鞋，自称叫冯谖，是齐国人，要求见孟尝君。孟尝君将他让进门坐下，问他：“先生不辞辛苦来到舍下，有什么要指教我吗？”

冯谖回答说：“没有。我听说您很好客，不分贵贱，一律接待。而我因家中贫穷难以生存，因此想投到您的门下做个食客。”

孟尝君一听，原来是个没有本事的穷汉，又不好将他打发走，只好安排他住在传舍。

过了十多天，孟尝君想起了这个新来的冯谖，就问传舍的管事：“冯谖在干什么？”

管事回答：“冯先生很贫穷，身上没有别的东西，只有一把剑，也没有剑鞘，用小绳子缠住剑把。每天吃完饭，就弹着剑，唱道：‘长剑啊，我们回去吧，吃饭没有鱼！’”

孟尝君听了，笑笑说：“哦，他嫌吃得不好。这样吧，把他安排到幸舍去，吃饭管肉。”

冯谖被调整到了幸舍，享受中客的待遇。

过了五天，孟尝君问幸舍的管事：“冯谖最近怎么样？”

管事回答：“冯先生又弹着剑唱歌了。他唱：‘长剑啊，咱们回去吧，出门没有车！’”

孟尝君一听，非常惊异，说：“他是想做我的上客啊，这必是个奇异的人。”

孟尝君又把他安排到了代舍，享受上客的待遇。

过了五天，孟尝君向代舍的管事询问冯谖的情况，管事说冯谖又唱歌了，这次唱的是："长剑啊，咱们回去吧，没有钱养家。"

孟尝君有些不高兴，但一打听，知道冯谖家里有老母亲需要赡养，就派人给他老娘送了些吃的，冯谖这才不说什么了。这样过了一年多。

一天，管家来向孟尝君报告，家中的钱粮只够用一个月了。孟尝君查了一下账簿，发现薛地还差很多债未收上来，便问左右的人说："谁可以派去薛城收债？"

代舍的管事说："住在代舍的冯先生没有其他的本领，看样子还忠厚，先前是他自己请求做上客的，可以派他去试一试。"

孟尝君就把冯谖找来，派他到薛城收债。冯谖一口就答应了，并问孟尝君："回来的时候需要买点什么东西吗？"

孟尝君顺嘴回答说："你看着办吧，看我家里缺什么就买点什么。"

冯谖整顿了行装，带好了债券和借据，乘着车子到了薛城。他召集那些向孟尝君贷过款的人，收到了利息10万。然后，他就用这些钱买了许多好酒、杀了牛，通知所有向孟尝君贷过款借过债的，无论一时能偿还或是不能偿还，都带着借据来核对，来了一律酒肉招待。那些向孟尝君借过钱的人听说了，都按照规定的时间来到，冯谖统统招待酒食。等到大家喝酒喝得高兴的时候，冯谖一边观察每个人的贫富情况，一面拿出借据跟大家核对。凡是能偿还的，就给他定个限期；实在贫穷无力偿还的，就一概免掉。百姓听了半信半疑，冯谖干脆要回借据，一把火烧了。

然后，冯谖向众人说："孟尝君贷款给大家的原因，是为了帮助薛地的百姓过上好日子，并不是为了赚钱；之所以要收取利息，是因为要奉养宾客。现在，有钱的，已经订了偿还的期限；贫穷的，已经把借据烧掉。那些债款，统统赐给了大家。大家尽管放心地喝吧，我们可不要忘了孟尝君的恩德啊！"

百姓都叩头欢呼："孟尝君真是我们的再生父母啊！"

孟尝君听说冯谖烧掉借据，非常愤怒，就立即派人召回冯谖。冯谖空手回来了，孟尝君故意说："先生辛苦了，替我收到债了吗？"

冯谖不慌不忙，回答说：“不但为先生收了债，还为先生收了义。”

孟尝君生气地说：“我门下有3000多食客需要吃、用，才让你去收债。听说你拿收到的钱，买了酒肉和众人一块吃喝，还烧掉了很多借据，钱收不回来，却说为我收义，我不知道你替我收什么义？”

冯谖见孟尝君生气，并没有着急，心平气和地说：“对，确有这回事。我这样做，自然有我的道理。薛城欠债的人很多，不摆筵席，众人就不会来，也就无法了解他们的贫富。现在，有钱的人，已经订了偿还的期限。而那些贫穷的人根本就无力偿还，你就是跟他讨10年的债他也还不出，有的人已经欠债多年没有还过。时间越长，利息越多。逼急了，他就逃亡。我想，薛城是国君赐给您的世袭封地，是您和百姓共同的根基啊。如果百姓逃亡了，那还谈得上什么根基呢？”

孟尝君不说话了，心中觉得冯谖说的有些道理。

冯谖继续说：“在这样的情况下，如果硬逼他们还债，会造成什么样的结果呢？从上说，人们会说您为君的只顾贪利而不爱惜百姓；从下说，会造成您的百姓有不守信义而赖债的坏名声。这样对您有什么好处呢？我烧掉那些无用的借据，放弃的是那些根本就要不回来的空账，是为了表明您看轻财利而爱惜百姓，颂扬您的好名声啊！”

冯谖说到这里，停了一下，他看到孟尝君连连点头，最后说：“我临走的时候您曾说过，这儿缺什么就买什么。我觉得您这儿最缺的就是老百姓的情义，我就把‘情义’给您买回来了。这就是我给您收的义。”

孟尝君转怒为喜，拉着冯谖的手连连道谢。

孟尝君的名声越来越大了，引起秦国、楚国的忌恨。他们派人到齐国散布流言，说：“天下只知道有孟尝君，不知道有齐王啊。孟尝君不久就要取代齐王了。”齐王听了，对孟尝君产生了怀疑，就罢免了他的职位，收回了相印。

真是树倒猢狲散。孟尝君的门客们听到孟尝君被罢免了相位，一下子都走散了。只有冯谖留在孟尝君身边，为孟尝君驾车到薛城去。薛城的老百姓听到这个消息，都扶老携幼、拿着酒食来夹道欢迎孟尝君。孟尝君很受感动，对冯谖说：“这就是先生替我买来的情义啊！我现在是深深地领会了。”

冯谖说："我要给君做的还不止这些。如果君能借给我车马，我一定会让君重复相国之位。"

孟尝君说："完全按先生的意见办。"

过了两天，冯谖带着礼物，驾车向西到秦国去。到了秦国的都城咸阳，求见秦昭襄王说："天下有才能的人驾着车到秦国来，都是想使秦国强大而使齐国削弱；而那些驾着车到东方的齐国去的，都是想使齐国强大而使秦国削弱。秦国和齐国是雄雌难分的两个大国，势不两立。谁能称雄，谁就可以得到天下。"

秦王听了以后，就问："先生有什么妙策能使秦国称雄而不为雌呢？"

冯谖说："大王听说齐王废掉了孟尝君的事没有？"

秦王说："听说了，但我还不相信。"

冯谖说："确有此事，这可是大王的好机会啊。齐国之所以在天下有威望，靠的是有孟尝君这样的贤相。现在齐王听信谗言，罢免了孟尝君宰相职务，他的功劳倒变成了罪过，孟尝君心中一定会非常怨恨。如果大王您能趁着孟尝君心中怨恨的时候，把孟尝君请到秦国来加以重用，那么，齐国的各种内情都会被您所掌握。这样，您可进而得到齐国，何止是称雄啊！"

秦王听了连连点头。冯谖又说："大王现在就应该赶快派使者带着厚礼，秘密地到薛城把孟尝君接过来，不要错过这难逢的机会。万一齐王悔悟过来，重新任用孟尝君，那么秦齐两国谁能称雄可就说不定了。"

秦王此时正缺有才能的人做相国，又雄心勃勃地准备做一番大事业，听了冯谖这么一说，非常高兴，就派了十部车辆，准备了2400两黄金，让使者到薛城去迎接孟尝君到秦国为相。

冯谖看秦王已派出使者，就请求秦王让他先回齐国向孟尝君通报。秦王答应了。

冯谖便日夜兼程，抄近路赶在秦国使者之前赶回了齐国，向齐王说："当今天下，秦国和齐国是互为雄雌的两个大国，这是大王知道的。得到人才的，就能称雄；失掉人才的，只能为雌。现在我听有人传言，说秦王听说孟尝君被罢相，非常高兴，已经秘密派人带了车辆和黄金，要聘请孟尝君到秦国为相。

如果孟尝君真的到秦国去，那么天下的人心肯定都向着他。他再转过来为秦国谋划，齐国就危险了！”

齐王听了，心中很着急，就问冯谖：“先生说应该怎么办呢？”

冯谖说：“办法只有一个：趁秦国使者还没有赶到薛城前，大王迅速恢复孟尝君相国的职位，增加他的封地，向他表示歉意。这样，孟尝君一定会高兴地接受。秦国虽强，就去聘请别国的宰相吧！”

齐王说：“好。”但心里还不太相信，他就派人到边境上探听秦国使者的消息。派去的人到了边境一打听，果然秦国的车队刚刚驶进齐国，就赶快回来向齐王报告，这下子验证了冯谖的话是不错的。

齐王立即下令：召回孟尝君，恢复他的宰相职务，除了保持旧有的封地外，再增加1000户人家。

秦国的使者到了薛城，听说孟尝君已恢复了宰相职位，只好掉转车头返回秦国去了。

就这样，孟尝君又一次靠着门客冯谖的智谋摆脱了困境，重新当上了齐国的宰相。

◎故事感悟

没有冯谖的帮助，孟尝君也许就不会成为齐国政界叱咤风云的人物；而没有孟尝君的善待，冯谖也许就“英雄无用武之地”了。这为“尊重人才”树立了一面鲜明的旗帜。而学习怎样尊重人才，对于今天构建社会主义和谐社会来说，更具有深远的积极意义。

◎史海撷英

孟尝君有舍人而弗悦

孟尝君因瞧不起门下食客中的某个人，就想把他赶走。鲁仲连知道后，对孟尝君说：“猿猴和猕猴如果离开树木在水中游动，它们动作没有鱼鳖灵敏；要说冲破险阻攀登危岩，良马也比不上狐狸。曹沫举起三尺长剑，整支部队都不能抵挡；假如叫曹沫放下他的三尺长剑，改拿耕田的器具，和农夫一样在田里劳作，那他连一个农夫都不如。由此可见，一个人如果舍弃他的长处，改用他的短处，即使是尧舜也有做不到的事。现在让人做他不会做的，别人会说他无才；教人做他做不了的，别人就会说他笨拙。因为笨拙而被斥退，因为无才而被遗弃。假使人人驱逐不能共处的人，将来那些被放逐的人必然逃往国外，并且会谋害我们以报往日的怨恨，这难道不是为以后开了一个坏头吗？”孟尝君说：“好！先生的话说得很有道理。”于是，孟尝君就留下了这个食客。

◎文苑拾萃

尝君歌

宋·司马光

君不见薛公正齐当路时，三千豪士相追随。

邑封万户无自入，椎牛酾酒不为赀。

门下纷纷如市人，鸡鸣狗盗亦同尘。

一朝失势宾客落，唯有冯驭西入秦。

秦始皇礼贤下士

◎致天下之治者在人才，成天下之才者在教化。——胡瑗

秦始皇（前259—前210），名政，姓赵氏嬴，秦庄襄王之子，出生于赵国首都邯郸（今河北省邯郸市）。中国第一个封建王朝——秦王朝的始皇帝，后人称之为“千古一帝”。

提起“礼贤下士”这个词，人们不大容易把它和秦始皇联系到一起。

然而翻读《史记》，秦始皇在“奋六世之余烈，吞二周而亡诸侯”的奋斗过程之中，的的确确曾多次“礼贤下士”。

虚心接受臣下乃至于普通百姓的批评，是“礼贤下士”的重要表现之一。李斯的《谏逐客书》是一篇千古名文，这段故事也是妇孺皆知。在这里，我们只说一个人，魏国人姚贾，出身“世监门子”，其父是看管城门的监门卒，在当时社会根本没有一点地位可言。他的经历更是让人非议，乃至于韩非后来称其为“梁之大盗，赵之逐臣”，但他竟然得到秦始皇的礼遇和赏识。当他奉命出使四国之时，始皇竟然“资车百乘，金千斤，衣以其衣冠，舞以其剑”。这种待遇，有秦一代，并不多见。出使三年，大有成绩，始皇一高兴，拜为上卿，封千户。

韩非却攻击他“以王之权，国之宝，外自交于诸侯”，等于说他乱花公款，为自己谋取私利。

秦始皇一听，立即召见姚贾，责问说：“听说你用国家的钱财结交诸侯，有这种事吗？”

姚贾回答说，自己交结诸侯确实用的是国家钱财，但是这并不表示自己

在谋取私利，不忠于秦国。如果不交结诸侯，就无法达到外交目的；如果不忠于秦国，四国诸侯也就不会听从自己的游说。姚贾劝谏秦始皇不要听信谗言，贬斥忠臣。他说，用人不必求全责备，不必苛求出身或名望。周文王用姜太公、齐桓公用管仲、秦穆公用百里奚、晋文公用臼犯，他们所起用的这四个人，论个人经历都有不光彩的一面，可是“明主用之，知其可与立功”。因此，用人的原则，应该是“不取其污，不听其非，察其为已用”而已，“可以存社稷者虽有外诽者不听，虽有高世之名而无咫尺之功者不赏”。

实际上，姚贾这些意见，不仅在为自己开脱，而是等于在批评秦始皇没有掌握科学的用人之道。

出人意料的是，秦始皇竟欣然接受了姚贾的批评，仍然对他委以外交各诸侯国的重任。这时候的秦始皇，“礼贤下士”多么真诚，胸怀又是多么宽广！而且，他的“礼贤下士”，也不仅是对李斯和姚贾这两个人，像茅焦、顿弱这些敢于直言劝谏的，像尉缭、王翦这些善于谋划霸业或者统兵打仗的人，说起秦始皇“礼贤下士”对待他们的故事，一个个都耐人寻味。

假如秦始皇这时候还能多少保持一点清醒的头脑，当然不难区分谁是谁非。假如秦始皇这时候还能继续保持“礼贤下士”的心态，真心欢迎来自臣下的批评意见，那么，像淳于越这样的直言者当然就会继续为朝廷出谋划策，帮助秦始皇提高执政水平，而那些溜须拍马之人也许就会从此在朝廷无所立足。

秦始皇的“礼贤下士”不过是为了求“计”，而绝不是为了求“过”。在刚刚成就霸业时，为了发展壮大自己的力量，他的确做到“礼贤下士”，广纳贤才为自己服务；一旦事业成功，便以为自己功盖天下，就再也听不得一点批评，更不知道“礼贤下士”为何物了。

◎故事感悟

《宋书·江夏王刘义恭传》载太祖刘裕诫书：“礼贤下士，圣人垂训；骄侈矜尚，先哲所去。”话是对的，但是自古以来又能有几人真正做到？个个都知道骄奢淫逸没有好结果，又有几人能真正远离骄奢淫逸呢？何况是这位“振长策而御宇内，履至尊而制六合”的秦始皇！

◎史海撷英

秦灭燕国

秦国在灭赵的过程中，秦军已经到达燕国的边境了。燕王喜为此而惶惶不可终日，眼看着秦国已经扫平三晋，朝自己杀来了，却干着急、无计可施。这时，燕太子丹想出了一个孤注一掷的办法，那就是暗杀秦王，即历史上有名的荆轲刺秦王。然而，刺杀秦王的行动最终失败了，但秦王政也差点死于荆轲的匕首下。为此，他更加痛恨燕国，并立即增兵大举进攻燕国。

公元前226年，秦军攻下了燕国国都蓟（今北京市），燕王喜与太子丹逃往辽东郡。为了彻底消灭燕国，秦将李信率领秦军数千人，穷追太子丹至衍水。太子丹因为潜伏到水中，才幸免于难。后来，燕王喜经过权衡利弊，派人杀掉了太子丹，并将太子丹的首级献给了秦国，想以此求得休战，保住燕国。燕王喜逃到辽东后，秦军的主力也就调到南线去进攻楚国了。

公元前222年（秦王政二十五年），王贲奉秦王命攻伐燕国在辽东的残余势力，俘获燕王喜，燕国最终彻底灭亡。

◎文苑拾萃

秦始皇

宋·王安石

天方猎中原，狐兔在所憎。
伤哉六孱王，当此鸷鸟膺。
搏取已扫地，翰飞尚凭凌。
游将跨蓬莱，以海为丘陵。
勒石颂功德，群臣助骄矜。
举世不读易，但以刑名称。
蚩蚩彼少子，何用辨坚冰。

刘邦敬重郦食其

◎贤能不待次而举。——荀况

郦食其（？—前203），秦朝陈留县高阳乡（陈留，今河南开封市开封县东南。高阳，今河南开封杞县西南）人，少年时就嗜好饮酒，常混迹于酒肆中，自称“高阳酒徒”。

刘邦是汉朝的开国皇帝。他原来只是沛县（今江苏省丰县）的一个泗水亭长，后率兵起义，参加了推翻残暴的秦王朝的斗争。秦朝灭亡后，他又同强大的西楚霸王项羽争夺天下。在处于劣势的情况下，一步一步变被动为主动，最后终于打败了项羽，建立了汉朝，成为汉高祖。

刘邦之所以能由一个地位极低，也无多少知识的人最终成为一个皇帝，取得军事上和政治上的成功，一个重要的原因就在于他善于用人。

公元前209年，陈胜、吴广在大泽乡揭竿而起，拉开了反抗暴秦的序幕。紧接着，在以前楚、齐、燕、赵、韩、魏六国的土地上，各路起义军纷纷加入抗秦大军的行列。为了统一协调和指挥，各路起义军首领共同商议决定，公推当年被秦国害死的楚怀王的孙子熊心作为大家尊奉的领袖，也称他为楚怀王，领导抗秦斗争。楚怀王下令：各路起义军向秦朝的都城咸阳进发，谁先攻入关中（咸阳所在地区）推翻秦朝，谁就可以做关中王！

当时，起义军中有两支队伍力量最大。其中最强的一路是项羽，他率领40多万人马在黄河以北作战，沿路碰到了秦军的主力部队，打了不少恶战，杀死了很多人，前进的速度很慢；另一路是刘邦，他率领一万左右的人马在黄河以南作战，由于他一路上未遭遇秦军的主力，再加上军纪严明，禁止烧、杀、抢、掠，得到当地人的拥护，因此前进的速度较快。

刘邦的军队打下高阳（今河南省杞县西边），准备进攻重镇开封的时候，碰到了严重困难。一方面，前面有秦将杨熊率领的秦朝增援部队拦路；另一方面刘邦的军队经过一路征战，有不少人伤亡，尤其缺乏粮草。要想靠眼前这些疲惫饥饿的将士去同装备精良的秦军对抗，那无异于以卵击石。怎么办呢？刘邦非常烦恼。

这时，当地有个叫郦食其的穷书生，已经60多岁了。他自幼饱读诗书，很有见识和智谋，喜欢喝酒，酒量大得惊人。他看到刘邦的军队不骚扰百姓，觉得刘邦是个能成就大业的人，就来拜见刘邦。刘邦正在军帐中为军事上的事烦躁不已，听说有个读书人来求见，很不高兴。他自己本来就没有读过多少书，平时也不喜欢读书人，加上听说来的是个老头，便派人回答说不见。郦食其一听气得火冒三丈，对管事的人说："你给我进去回报，就说我老头子不是儒生，是高阳的酒徒，给他出主意来了。"

这么一说，果然有效，刘邦同意让他进去。郦食其进到军中，看到刘邦正坐在床上，让两个年轻的女子给他洗脚。刘邦看到郦食其进来，并没有停止洗脚，只是点了个头，站都不站起来打招呼。

郦食其见刘邦这样傲慢无礼，很生气，也不施礼，就大声地质问刘邦："足下带兵来到此地，是打算帮助秦朝攻打各路诸侯呢，还是打算帮助各路诸侯讨伐残暴的秦朝？"

刘邦听见他这样问话，更不高兴了，大骂道："真是岂有此理！天下的百姓已经忍受不了秦朝的残暴统治，早就想推翻它了。我是顺应民心，兴兵伐秦。你怎么胡说八道说我想帮助秦朝攻打诸侯呢？"

郦食其听见刘邦这样说，就冷冷地反问："既然你想顺应民心，讨伐暴秦夺取天下，那为什么这样对待老年人呢？如果你对待贤人这样傲慢，那有谁愿意给你出谋划策呢？"

刘邦听了这番话，明白眼前这位老先生不是一般人，觉得刚才自己做得很不对，急忙停止洗脚，穿上鞋子，整理了衣服，喝退侍女，向郦食其道歉。然后将郦食其请到上座，恭恭敬敬地向他请教。

郦食其看到刘邦能知错能改，尊重老年人，虚心接受意见，就对刘邦说："将军带的这支队伍，是从四面八方召集来的，还不到一万人，且军中又缺粮草。带着这样的人马，想长驱直入去攻打秦国的都城，这就好比是驱赶着羊群投向老虎，只会是白白送命，怎么可能取胜呢？"

刘邦见他说的正中自己的要害，忙问："请问先生，那我应该怎么办呢？"郦食其说："依我之见，不如先去攻打陈留。陈留这个地方，四通八达，是个交通要道，城里又有充足的粮食。如果打下它，就有了立足之地，同时可以补养军队。"

刘邦听了，好像在迷雾中见到了曙光，忙说："好，好，先生的主意很好。"郦食其又说："我同陈留县的县令有旧交，可以去劝他投降。如果他不投降，那么将军就在外进攻，我在城里做内应。这样里应外合一定可以占领陈留。"

刘邦完全采纳了郦食其的妙计。他请郦食其先行到陈留按计行事，然后派大将统领精兵去攻打。

郦食其来到陈留，婉转地劝县令投降刘邦。县令不肯，郦食其就用计在酒宴上把县令灌醉，然后偷出令箭。他假传县令的命令，打开了城门，把刘邦的大军引进去，杀死县令，占领了陈留。第二天，刘邦率大队人马开到。由于郦食其事先已做了安民的工作，刘邦一进城，就受到了百姓的欢迎。

刘邦在陈留得到了很多粮食，大大补充了军需。他把部队在陈留停驻了几天，养精蓄锐。又在陈留招兵买马，军队扩大了一倍。郦食其又说服他的一个弟弟郦商带了一支4000人的队伍投奔刘邦，刘邦的力量更强了。

刘邦非常佩服郦食其的神机妙算和鼎力相助，也庆幸自己尊敬老年人而得到了贤才。他将郦食其封做"旷野君"，就让他留在自己身边做谋士，以便可以随时请教。派郦商做副将，统领陈留的兵马。

紧跟着，刘邦的军队打败了秦将杨熊，一路占领了很多地方，终于抢在项羽之前攻入关中。

◎故事感悟

刘邦在礼贤下士这点上是非常成功的。他诚恳地对待人才，是建立在尊重与信任基础之上的再度升华。特别是在形势紧张的时候，他能坦诚以对，实事求是，敢于承担。人才只有使用才能创造价值。

◎史海撷英

刘邦起义

公元前209年7月，陈胜、吴广在大泽乡起义反秦，刘邦知道实现自己远大抱负的时机到了，于是立即率众响应。在沛县豪杰萧何、曹参、樊哙等人的支持下，刘邦杀了沛县县令，攻占了县城，正式宣布反秦起义。刘邦的举动也得到了丰沛一带江湖豪杰、地方官吏和父老乡绅的拥护，当地少年子弟都纷纷前来参加义军，队伍迅速发展到两三千人。刘邦在沛县一带素有人缘，因此被公推为这支义军的统帅，号称“沛公”，从此走上了建立大汉的道路。

◎文苑拾萃

鸿鹄歌

汉 · 刘邦

鸿鹄高飞，一举千里。

羽翮已就，横绝四海。

横绝四海，当可奈何！

虽有缯缴，上安所施！

祖逖礼贤下士

◎衣冠不正，则宾者不肃。——管仲

祖逖（266—321），字士稚，河北范阳遒县（今河北涞水）人，东晋名将，民族英雄。东晋初有志于恢复中原而致力北伐的大将。著名的“闻鸡起舞”就是他和刘琨的故事。后因朝廷内乱，北伐半途而废。

祖逖的父亲名叫祖武，是晋王司马昭的属官。祖逖年少丧父，他性格豁达、粗犷，不拘小节，乐善好施，好仗义行侠，慷慨而有节操。每次到田庄，他都发放粮食、布匹赈济穷人，乡亲们和同族人都很敬重他。

后来，都城内乱，祖逖带领族人乡亲等数百家逃到淮泗地区避难。途中，祖逖把自己乘坐的车马让给同行的老弱病者，自己步行，还把随身携带的药物衣粮等拿出来与大家共用，遇到情况他又能随机应变。因此，大家都很信赖他，推举他做一路上的主事人。

祖逖看到国家危难，忧心如焚。他胸怀大志，一心想恢复江山。他的宾客和追随他的人都是一些性情刚烈的勇士，祖逖待他们很好，像对待自己的子弟一样。

当时，扬州地区发生了严重的饥荒，这些人中多数当了盗贼，抢劫富户的财物。他们中有的人被官府抓获，祖逖就想尽办法保护并解救他们。有人谈起这事就看不起祖逖，但祖逖却坦然自若，不以为然。

祖逖还向琅琊王司马睿进谏道：“天下动乱，并不是由于圣上昏庸而引起百姓怨恨和反叛，而是因为各藩王争权夺势，自相残杀，使得外族乘虚而入，以至中原生灵涂炭。现在那里的百姓正遭受凌虐，人人都有抗击敌寇的愿望。大王如果真的能以您的威望任命将帅，假使派我祖逖这样的人做统帅，那么各地的豪杰必然会云集响应，那些意志消沉的人也会振作起来。这样，洗雪国耻就有希望了。”

司马睿听从了祖逖的话，任命祖逖为奋威将军、豫州刺史，发给他一千人所用的军粮，三千匹布，只是不分配给人员、兵器，让他自己去招募。祖逖仍然率领自己的亲兵百余家渡江北上，当船行到江心时，祖逖猛击船桨发誓道：“我祖逖如果不能扫清中原敌寇，光复国家，就像这长江，一去不回！”他慷慨激昂，神色壮烈，众人见了，都为之慨叹。祖逖命人打造兵器，又招募两千多人继续北上。

祖逖一向爱护别人，不论走到哪里，都有礼貌地对待地位低的人。虽然和他们交往不多，但他都以恩德礼貌相待。因此，黄河以南都成了晋朝的疆土。

黄河沿岸坞堡的坞主因为把自己的子弟派往对方做人质，只好都为双方做事。这时，他们派游动部队假装攻袭祖逖，用以向对方表明他们没有归降晋军。祖逖理解他们的处境，并未歧视他们。这些坞主感激尊崇祖逖，敌军中有什么特别计划，他们就把密报给祖逖。

正因为如此，祖逖才能及时了解敌人的动态，打起仗来知己知彼，先后收复多数失地，缴获大量的战利品。祖狄论功行赏，对于这些坞主，哪怕只有一点小小的功劳，都及时给予赏赐。

祖逖非常勤俭，他鼓励和督促发展农业。他严格约束自己，尽力帮助别人，从不为自己积聚财富。他要求手下的子弟们都在田里干活，打柴草也亲力亲为。如果死了人，有丧葬之事，他为之洒酒祭奠，百姓们非常感激他、爱戴他。

老百姓曾经摆酒宴请祖逖共饮，酒至半酣，不觉流着热泪说：“我们都老了，想不到重又做了晋朝的百姓，死了也没有什么怨恨的了！”于是作歌唱道：“幸运啊，被遗弃的百姓免遭俘虏，日月星辰觉得更明亮，是因为我们遇到了慈父。一杯水酒忘劳苦，甜美如瓜脯，何以歌唱慈父恩，让我们载歌载舞。”

◎故事感悟

祖逖就深得人心。他的朋友在给亲友的书信中，一致盛赞祖逖的威望和品德。作为一个胸怀远大的爱国者，祖逖团结他人，即使是为生计所迫，沦为盗贼的人，祖逖也想法解救并团结教育他们，以至祖逖起事光复失地时，各地军民纷纷归附。

今天，我们从事的是千千万万人参加的社会主义大业，领导这项伟大事业的各级领导干部也应该热爱人民，关心人民的疾苦，帮助人民解决工作、学习和生活中的实际困难。这样,才能调动千千万万的人民投身社会主义建设的千秋大业。

◎史海撷英

东晋的建立

316年，西晋皇帝司马邺被俘，宣告了西晋的灭亡。然而，一些西晋的旧臣并不甘心自己亡国的命运，仍然在全国各地积极进行活动，准备伺机恢复晋朝的政权。

317年，琅琊王司马睿在南渡过江的中原民族与江南民族的拥护下，在建康称帝，国号仍为晋，司马睿是为晋元帝。因为是继西晋之后偏安于江南，因此史家称之为东晋。

346年，东晋安西将军桓温伐蜀，次年三月攻下成都，控制汉水上游和四川盆地的成汉政权灭亡。至此，东晋统一了南方。

◎文苑拾萃

祖逖

宋 · 文天祥

平生祖豫州，白首起大事。

东门长啸儿，为逊一头地。

何哉戴若思，中道奋螳臂。

豪杰事垂成，今古为短气。

唐太宗任贤纳谏

◎古人相马不相皮，瘦马虽瘦骨法奇；世无伯乐良可嗤，千金市马唯市肥。——欧阳修

魏征（580—643），字玄成。巨鹿（今河北邢台市巨鹿县人，又说河北晋州市或河北馆陶市）人。唐初杰出政治家、思想家、史学家。曾任谏议大夫、左光禄大夫，封郑国公，以直谏敢言著称，是中国史上最负盛名的谏臣。

唐太宗即位之初，便定下了“偃武修文，中国既安，四夷自服”的方针，又制定了具体的治国安邦政策。在当时的社会中，君王必须善于用人，才能让方针政策贯彻执行。因此，唐太宗对用人问题也十分慎重。他认为，“致安之本，惟在得人”。他认识到，治理国家，靠一人是不行的，应当“广任贤良”。所以，他要求臣下推荐人才，自己也留心观察，发现和提拔可用之才，推行“任人唯贤”的路线。

唐太宗选拔人才，基本上做到不以个人好恶、不以新旧亲疏为标准。他说：“吾为官择人，惟才是举。苟或不才，虽亲不用”，“如其有才，虽仇不弃。”正因为如此，他所任用的，多为才能出众者。这些人，有的是旧日部下，有的是旧日敌人，也有新出现的才智之士。比如魏征，原来是太子李建成的部下，曾劝李建成除掉李世民。“玄武门之变”后，李世民不计旧仇，对其信任重用，以至提拔为宰相，成为“贞观之治”的重要推动者。又如马周，本不知名，唐太宗见到他为将军常何写的奏事，认为很有才能，立即召见。马周确实很有才干，以后官至中书令。唐太宗就是这样，随时留心、发现和任用贤才。

唐太宗认为，对有用之才，不可求全责备。他说“使人如器”，即根据人才的情况来使用。唐太宗要求大臣封德彝举贤，封德彝却回答说，未见奇才异能之士。唐太宗明确指出：“前代明王使人如器，皆取士于当时，不借才于异代。”“且何代无贤，但患遗而不知耳！”

太宗用人，也不以门第为限，他任用的宰相中，张亮“素寒贱”，马周“孤贫”，戴胄出身“门下录事”。唐太宗用人还不以华夷为隔，他任用突厥等少数民族的将领，如那史那社尔、执失思力、契苾何力等。

由于唐太宗知人善任，在他身边团聚了众多才能之士。正是在这些人的协助下，唐太宗才最终开创了“贞观之治”的局面。

兼听是指广泛听取不同的意见和建议，不偏听偏信。纳谏是指君主接受正确的意见和批评，改正缺点、错误，防止个人的重大失误。兼听纳谏是封建帝王重要的个人政治修养和品质、作风。兼听纳谏，也是封建君主都知道的，但要做到却是很难的。

唐太宗力求成为明君，魏征说：“君之所以明者，兼听也；其所以暗者，偏信也。”他希望唐太宗能够“兼听纳下”，成为一位有道明君。君主兼听纳谏，则“贵臣不得壅蔽”，“下情必得上通”，国家便能治理好。唐太宗很重视魏征的意见，并尽可能做到兼听纳谏。

唐太宗与直言进谏的魏征的关系，以及对魏征进谏的态度，证明了他确实是善于纳谏的君主。魏征有“耻君不及尧、舜”的忠诚，贞观年间，无论是国家政事，还是唐太宗的个人行为，只要他认为不妥的，便直言进谏，即使冒犯唐太宗，也不退却。唐太宗也认为，魏征“每犯颜切谏，不许我为非，我所以重之也”。魏征进谏，唐太宗纳谏，成为封建社会君明臣贤的美谈。唐太宗被誉为“从谏如流”的明君，是与魏征不断直谏密切相关的，唐太宗也从兼听纳谏中获得政治上极大的好处。唐太宗深深体会到“明主思短而益善，暗主护短而永愚”，他要求臣下“务尽忠谠，匡救朕恶”，他也以“终不以直言忤意，辄相责怒”相许，而且每次都和颜悦色听取批评意见。事实上，唐太宗对能直言进谏的官员，不仅不加责备，而且给以奖励。如给事中张玄素谏修洛阳宫殿，赏绢200匹；孙伏伽谏刑赏不当，赏以价值百万钱的兰陵公主园；魏征谏用人不当，赏绢500匹。这不仅表彰了进谏的臣下，而且也起到了引导进谏的作用。

为了让子孙也能兼听纳谏，巩固唐朝的统治，唐太宗还对进谏、纳谏作了具体规定。他规定，三品以上官员入阁议事，要有谏官随同，有失便谏。贞观元年，唐太宗下诏“自是宰相入内平章国计，必使谏官随入，预闻政事，有所开说，必虚己纳之”。唐太宗还规定，五品以上京官，要轮流到宫中直宿，以便皇帝召见，询问外部事务，了解民间疾苦，以及政事得失，使下情得以上达。

◎故事感悟

尊贤敬贤、知人善任、兼听纳谏，是唐太宗在政治上取得成功的重要原因，也是他成为杰出封建政治家的重要政治素质。可以说，唐太宗之所以能成为封建帝王的楷模，与他能够知人善任、兼听纳谏关系极大。

◎史海撷英

魏征的法律思想

在唐太宗统治时期，魏征以性格刚直、敢于犯颜直谏而著称。在法律思想上，魏征认为，一个国君治理国家的根本，在于德、礼、诚、信：一个明哲的君主，不能光靠严刑峻法来治国，而在于行使仁义；光凭法律规范天下人的行为，是不明智的。“仁义，理之本也；刑罚，理之末也”。因此，魏征将治理国家的刑罚比作驾车的人需要的马鞭，马匹尽力跑时，马鞭就没有用处了；如果人的行为都合乎仁义，那么刑罚也就没用了。

但是，法律或刑罚毕竟是不可少的，魏征认为，法律是一个国家的权衡，因此一定要让它起到“定轻重”、“正曲直”的作用。要做到这点，关键就在于执法时应“志存公道”，而不能“申屈在乎好恶，轻重由乎喜怒”，否则就不能求得“人和讼息”。

◎文苑拾萃

述怀

唐·魏征

中原初逐鹿，投笔事戎轩。
纵横计不就，慷慨志犹存。
杖策谒天子，驱马出关门。
请缨系南越，凭轼下东藩。
郁纡陟高岫，出没望平原。
古木鸣寒鸟，空山啼夜猿。
既伤千里目，还惊九逝魂。
岂不惮艰险？深怀国士恩。
季布无二诺，侯嬴重一言。
人生感意气，功名谁复论。

女皇帝信用徐有功

◎常格不破，人才难得。——包拯

武则天（624—705），中国历史上唯一一个正统的女皇帝，也是继位年龄最大的皇帝（67岁即位），又是寿命最长的皇帝之一（终年82岁）。唐高宗时为皇后（655—683），唐中宗和唐睿宗时为皇太后（683—690），后自立为武周皇帝（690—705），改国号“唐”为“周”，定都洛阳，并称其为“神都”。史称“武周”或“南周”，705年退位。武则天也是一位女诗人和政治家。

武则天是中国历史上著名的女皇帝，很有作为。690年，她宣布将国号由“唐”改为“周”。这一做法受到一些大臣的反对，她依靠一批酷吏如周兴、来俊臣等人，用严刑峻法镇压反对派。

有一回，7名大臣被捕，周兴等人判了他们死罪。武则天这次则想从轻发落，说：“古人之所以杀人，是为了禁止乱杀人；我这一次想反其道而行之，用放生来制止杀人。我要特赦这7名罪犯不死，大家说行不行？”来俊臣抢着说：“以生止杀真是陛下仁慈的发明，比古人高明多了。但是这7人罪大恶极，还是不要从他们开始吧！”话音未落，另外一位大臣立即上前启奏说：“陛下提出慈悲宽大的办法，我是完全拥护的。天子无戏言，您已经说不再杀他们，就不应再杀他们。但是来俊臣故意违背陛下的旨意，如果听了他的，将此7人杀掉，那么陛下今后用什么来取信天下呢？”

武则天一看，这位大臣是司刑副官徐有功，官职比来俊臣小得多，却敢理直气壮地发表意见，心中暗暗高兴。于是大声说道：“徐爱卿说得有理，这

7人一律免死！”接着，武则天又说：“寡人一向赞赏敢说真话的人，徐有功敢说真话，寡人任用他做‘左肃政台侍御史’，负责复审大案要案，我想他一定能尽量避免冤案！”

徐有功一听，连忙跪下辞谢，说：“臣难以承担这么重大的职责！”武则天感到奇怪，说：“寡人提拔你，为什么要推辞呢？”徐有功说：“陛下用臣下任执法高官，臣下若守正行法，就一定要招来许多诽谤，那样就会置臣下于死地了。”武则天一听乐了，说：“我这‘左肃政台侍御史’，就要用敢于守正行法的人来当。我倒要看看一个守正行法的人怎么会死！”

武则天于是放手任用徐有功。徐有功在复审案件中，改正了许多周兴、来俊臣等人重判的案件，救活了许多人的性命。

一次，来俊臣将一宗大案上奏武则天，并要处死案犯。武则天一看，是涉及一件谋反的案子，正要对案犯判死刑表态，徐有功说：“陛下，这件案子臣下复审时，认为不应当重判。”武则天很奇怪，问：“为什么？”徐有功说：“此案的主犯已经处死了，本案犯是从犯，经查，与主犯并无直接勾结，处死则是朝廷不当！”

武则天不爱听“朝廷不当”四字，周兴乘机说：“徐有功故意为死囚说话，其罪当诛！”武则天大怒，说：“来人，将这个故意为叛逆说话的人推出去斩首！”

徐有功当场被绑了起来，当他被押出殿门时，回头看武则天一眼，义正辞严地喊：“臣虽死，法终不可改！”说完，挺直胸膛大步迈向刑场。

这时，长安城内一片肃静，刽子手正等待着行刑的时刻。武则天的情绪渐渐平静了一些，突然想起徐有功说过：“陛下以法官用臣，臣守正行法，必坐此死矣。”徐有功确是履行了“守正行法”的原则，处死他倒是自己失去信用了。于是，她下了紧急命令：“快传旨，赦免徐有功，官复原职！”

武则天任人以信，徐有功官复原职后，那一批酷吏的气焰也就不得不收敛些了。

◎故事感悟

武则天作为封建社会杰出的政治家，深知“得人才者得天下”。她重视人才，用人唯贤，不仅为当朝遴选了众多的贤相和名将，而且为开元时代预备了一批杰出的人才，其用人思想及选拔人才的方法值得学习和借鉴。

◎史海撷英

“武曌”名字来源

武则天名“曌”，这个名字起于她称帝的前夕，而并非原名，是武则天的凤阁侍郎宗秦客所献的12个新字中的第一个字。

这个新造的“曌”字，虽然含义与“照”字相同，然而结构却十分特殊，可以令人一下就联想到日月当空、光芒万丈的磅礴景象，这也可能就是武则天钟情于它，并选其作为自己名字的主要原因。

“则天”两字，其实是后世对武则天的称谓。因此唐开元九年(721年)，编撰《则天实录》一书时，特用“则天”二字来称呼这位既是皇后又当过皇帝的非凡女性。这也是“武则天”这个特殊名字最早的出现。而武则天这个名称，则是在后世人对她的评价逐渐提高后，才逐渐流行起来的。

李勉怀仁礼贤

◎尊重知识，尊重人才。——邓小平

李勉（717—788），字玄卿，唐朝宗室，曾祖李元懿为唐高祖李渊第十三子。父亲李择言，曾为汉、褒、相、岐四州刺史、安德郡公。安史之乱后，唐军克复长安，李勉升为河南少尹，担任河东节度王思礼、朔方河东都统李国贞的行军司马，后任梁州都督、山南西道观察使。

李勉年轻时，喜欢四处游历，广交朋友。有一次，他与一位姓张的书生结伴来到一个叫梁的地方，谁知那书生突然生起病来，而且十分严重。李勉替他请医生，买药煎药，喂水喂饭，照顾得非常周到。但是那书生的病不见好转。他对李勉说："李兄，看来我是没救了。我死后，你用我的银子替我埋葬，剩下的钱财，就送给你，以答谢你连日来对我的悉心照顾。"

姓张的书生去世后，李勉遵照他的遗言办理了丧事，然后收拾好行装，来到那书生的故乡，把死讯告诉他的家人，并把剩余的钱财全部归还给他的家人。李勉当时虽然也是一个穷书生，但却不贪取别人的钱财，这种诚实让张书生的家人十分感动。

后来，李勉当上了节度使，不仅办事廉洁公正，还十分爱惜敬重人才。有一次在外出巡察中，他发现一个叫王晬的县尉很有才干，就想提拔此人，忽然接到皇帝拘捕王晬的命令。原来，王晬为人耿直，秉公办事，得罪了朝中权贵，遭到坏人诬告陷害。

李勉不忍王晬无辜受难，就赶回京城面见皇帝，力挺王晬，赞赏他是个人才，请求皇上加以重用。皇帝见李勉极力为国家推荐人才，心里十分高兴，就赦免了王晬，还升他为县令。王晬上任后，果然正直清廉，勤政爱民，深受百姓拥戴。而大家更赞赏李勉，说他是个善于提拔人才的好官。

李勉任节度使的时候，听说李巡和张参很有学问，便请他们出来办事，每有宴会，都邀请他们一同畅饮。李勉后来当了宰相，虽然地位尊贵，但从不骄傲自大，亲自到士兵家里慰问，上上下下都称赞李勉是个礼贤下士的好官。

◎故事感悟

李勉的礼贤下士来源于他的优秀品德，想必当地百姓为有这样一个好官而深感幸福吧。李勉也因此赢得了良好的声誉。李勉的优秀品德和礼贤下士值得我们借鉴！

◎史海撷英

李勉惩治贪暴

唐朝统治时期，有段时间官场贪污受贿成风。为了整饬吏治，李勉严刑峻法。他在担任开封府尉时，上任后就立即张贴告示："凡受贿者，须在三天内自首，过日者舁榇相见。"

告示贴出后，有个自恃有点背景的贪官，受贿后还放出风来，故意让李勉得知。过了期限后，这个人又满不在乎地让人抬着棺材去见李勉。

李勉弄清真相后，说："明知受贿有罪，还故意受贿枉法，应罪加一等。"对方依然不放在心上，李勉遂命令手下"将他装入棺材"。这时，这个贪官才如梦方醒，大喊求饶。但为时已晚，他被装进棺材扔进了河里。那些手脚不太干净的当地官员得知后，都感到心惊肉跳，再也不敢贪赃枉法了。

◎文苑拾萃

李勉

宋·徐钧

指破奸邪叵测心，一言剀切盍沉吟。

主昏不听终无奈，付与清风一曲琴。

异族大臣耶律楚材受重用

◎其交也以道，以接也以礼。——孟子

耶律楚材（1190—1244），蒙古帝国大臣。字晋卿，号玉泉老人，法号湛然居士，蒙古名为吾图撒合里。出身于契丹贵族，世居金中都（今北京），是辽太祖耶律阿保机的九世孙。耶律楚材不仅是一位杰出的政治家，而且多才多艺，是一个在文化艺术方面有卓越修养和多种贡献的人。他是我国提出经度概念的第一人，编有《西征庚午元历》，还主持修订《大明历》。他酷爱诗歌，写过不少诗作，现存于世的有《湛然居士文集》共14卷。

耶律楚材生于世宦门第。他自幼勤学，博览群书，兼通天文、地理、律历、术数和佛、道、医卜之说，还擅长著述，下笔为文，一挥而就。

成吉思汗平定燕地，遣人访求原辽国宗室，找到了耶律楚材。他见耶律楚材相貌奇伟，美髯宏声，又颇有才识，十分仰慕，诱劝说："辽、金为世仇，你是辽国皇族后裔，为金所灭，我要为你洗雪国仇家恨。"

耶律楚材回答得非常得体："臣之祖、父皆曾委身事金，既为其臣，岂敢与君为仇。"成吉思汗从话中知道他甚重君臣之分，是个恪守信义的人，因此留他在身边供职，备咨询。成吉思汗喜得王佐之才，每每昵称他为"长髯人"，而不直呼其名。

耶律楚材决心报答成吉思汗的眷顾之恩，实现平生壮志。

成吉思汗晚年常对其子窝阔台说："此人是天赐我家，尔后的军国庶政，当悉委他处置。"在成吉思汗一世，耶律楚材是形影相随的股肱大臣，尊崇至极。

窝阔台汗一世，耶律楚材有顾命之义、拥立之功，为其屹立于王廷埋下根基。但更重要的是他呕心沥血地为蒙古帝国运筹策、定制度，使这个新生庞大的政权得以生存发展；他披肝沥胆的忠正气质，又不能不使蒙古君主肃然起敬。正是基于此，窝阔台汗把耶律楚材当成自己的智囊，国家的骄傲。

早在即位的第三年，窝阔台就当面盛赞耶律楚材说："南国之臣，复有如卿者乎？"窝阔台汗八年，即灭金后的第二年，蒙古诸亲王集会，大汗亲自给楚材捧觞赐酒，由衷地说道："我们这样诚挚地信赖你，是因为有先帝之命。没有你，中原就没有今日。我之所以能安枕无忧，全靠你的力量啊！"

当时，正值西域诸国和南宋、高丽使者前来，语多虚妄不实。窝阔台汗颇为得意地指着耶律楚材对来使说："你国有这样的人才吗？"

窝阔台汗高兴地说："我猜想必无此种人才。"

正由于有这样的知遇之情，更由于耶律楚材的气质和胆略，使他能够在国家政治生活中发挥着极其重要的作用。

在灭金战争中，耶律楚材有两个特殊的功绩，即保全生命和收容人才。

蒙古太宗五年（1233年）正月，金帝完颜守绪从汴梁出奔归德（今河南商丘南），命元帅崔立继续死守被围困的京城。不久，崔立向蒙古投降。按蒙古的军事传统：凡是敌人进行抵抗的，克敌以后就实行屠杀。

现在，汴京即将落到蒙古军队手中，统率围城蒙古将军速不台，派人报告窝阔台汗，准备占领后"屠城"。

耶律楚材听到消息，急忙面奏大汗："将士英勇作战几十年，争的就是土地和人民。如今要是得了土地而失了人民，有什么用呢？"

窝阔台汗听后，有些犹豫不决。耶律楚材接着说："大凡金朝方面的能工巧匠以及官民富贵之家，都聚集在这座城里了。把他们都杀了，那我们就一无所得，徒劳地打了这一仗！"

窝阔台汗觉得有理，下诏除金朝皇族外，其余人不杀，在汴京避兵灾的147万户得以免遭屠戮的惨祸。

这一年五月，金国灭亡的命运已经不可避免。金朝大文豪元好问给耶律楚材写了一封著名的信，劝他保护归降蒙古的南方士大夫，并特别开列出54

个士大夫的名单，指出这些儒士“皆天民之秀，有用于世者”。

耶律楚材感到元好问与自己心意相通，他也早已认识到保护这些人才的重要意义。耶律楚材向窝阔台进言说：“制器者必用良工，守成者必用儒臣。”他极力强调任用儒臣的重要性。第二年，耶律楚材奏，请窝阔台派人到各地举行考试，选取儒士。这就是有名的戊戌年（1238年）科举取士，有不少杰出人才入选。

耶律楚材作为一个异邦的贤臣，受到成吉思汗、拖雷和窝阔台三朝长达30余年的重用，成为元帝国的重要奠基者。

◎故事感悟

现如今也同样需要不拘一格选拔人才。无论是汉族的知识分子，还是少数民族的人才，都应得到合理任用。对于学有所成的出国留学人员，归国后，必须得到恰如其分地安排。对于企业任用的“洋厂长”、“洋经理”，既然聘任了，就应该使他们有职有权，礼待他们，让他们有机会一展其才，为中国的建设大业服务。只有这样，才能把外国先进技术和管理手段尽快吸收过来，在我国的管理机制中发挥作用。

◎史海撷英

耶律楚材对人才的保护

在蒙古灭掉金国、吐蕃、大理和征伐南宋之时，许多名士，如元好问、赵复、窦默、王磐等人，都得到了保护并被起用。

1237年，随着金朝的灭亡，蒙古的统治地域也逐渐扩大。此时，国家也急需大量的有才之士来帮助治国。于是，耶律楚材上奏说：“制器者必用良工，守成者必用儒臣。”窝阔台采纳了他的意见，“乃命宣德州宣课使刘中随郡考试，以经义、辞赋、论分为三科，儒人被俘为奴者，亦令就试，其主匿弗遣者死。得士凡四千三十人，免为奴者四分之一”（《元史·耶律楚材传》）。

这次考试，也选中了许多有用之才，如杨奂、董文用、赵良弼、张文谦等人，他们后来都成为忽必烈统治时期的有名大臣，为完成蒙古国的汉化作出了巨大的贡献。而且，这次考试也令大批儒士获得了身份的提高和课役上的优待，使之在文化、教育、政治、经济等各个领域都发挥了重要的作用。

◎文苑拾萃

鹧鸪天

元·耶律楚材

花界倾颓事已迁，浩歌遥望意茫然。
江山王气空千劫，桃李春风又一年。
横翠嶂，架寒烟。野花平碧怨啼鹃。
不知何限人间梦，并触沉思到酒边？

朱元璋信用刘伯温

◎珍视劳动，珍视人才，人才难得呀！——邓小平

刘基(1311—1375)，字伯温，谥文成，温州文成县南田人(旧属青田县)。元末明初军事谋略家、政治家及诗人，通经史、晓天文、精兵法。他以辅佐朱元璋完成霸业、开创明朝并尽力保持国家安定，因而驰名天下，被后人比作诸葛亮。朱元璋多次称刘基为“吾之子房也”。

明朝建立初期，朱元璋大封功臣，鼓舞了文武百官。自此以后，他们受其禄，守其职，为大明王朝各尽其心，各出其力，使朝廷上下，一片生机。但是，随之而来的是官高禄厚，养尊处优，渐失民心。因此，朱元璋时常担心百姓造反，自己也像元朝那样垮台。他是打仗打出天下来的，很重视干戈之事，便想在各地多安置些军队，以防乱治安。但边疆战事尚未停息，兵力和钱粮都受到限制。他经过反复思考，为进一步安定天下，决定要找出一个解决办法来。

采取何种办法比较好呢？朱元璋想来想去，没有想出满意的结果，最后决定还是找刘伯温商量。当下传旨请刘伯温，不一会儿，刘伯温来了。朱元璋没等他拜毕，就向他说道：“如今天下归我，新政初立，边防要紧，地方上也要保卫，所以还得劳你费神，给我订个规矩才是。”刘伯温也有这个想法，没有推辞，便爽快地答道：“皇上有旨，臣下自当从命。但请皇上宽限些时日，好使臣下从容斟酌。”“行！”朱元璋说，“你只管把规矩订好了，不用着急。”刘伯温拜辞而去。

刘伯温遵照朱元璋的旨令，说办就办。他一面了解各地情况，一面苦苦思索，并找来许多史料参考。他想：“眼下皇位虽定，但天下未平，元朝在北方依然有着不小的势力，征伐之事，不可稍懈。这些，都有前方的将领去解决。但是前方奋战，需要得到后方的大力支持。”“后方安定，粮草充足，乃为后盾”。他根据这个道理，把立法的要点着重放在安定后方、增加兵源和节约粮草上。又与一些文官武将共同商量，请他们出谋献策。不多日，办法订出来了，名曰“军卫法”。

这天，刘伯温去向朱元璋奏报。禀奏刚开始，朱元璋就打断他的话，问道：“什么叫‘军卫法’？”

“就是在各地设立卫所。”

接着，刘伯温又将卫所制度详详细细地向朱元璋作了一番解释。按照刘伯温所定的军卫法，卫所驻扎军队皆为常备军，建军原则是结合农事，屯兵生产。兵源有征兵、募兵数种：一是原有从征的将士，包括削平群雄所获得的部队和元朝投降的军队；一是因犯罪被罚从军的，称作“恩军”；还有一个便是征兵，按人口比例，一家有五丁或三丁为军。

为了稳定军心，保持军队满员，军卫法还规定，军人必须娶妻，世代继承。驻军分为卫、所两级，大者为卫，小者为所；所又有千户、百户所。所下面再设大小总旗，联比成伍。军队驻扎卫所，一面守备军务，一面屯田种地。军队吃粮，主要靠自给自足，名曰“军屯”。如遇战事，由朝廷诏总兵官，授以将印领之。战争结束，总兵官便把将印交还朝廷，解除兵权。所有士卒，也各回原来的卫所。无论卫、所，权利皆归朝廷，不准擅自编调。……

刘伯温将自己所制定的军卫法向朱元璋禀奏后，朱元璋大喜，说：“你立了一个好规矩。军士屯田，当年汉朝赵充国就是这样办的，不仅节省了朝廷的许多粮食，防卫之事也有了着落。这个办法正合我意，就照着此法办理吧。”随即在全国各地普设军卫所，并按法一一实行。

李善长以前曾在朱元璋面前诬告过刘伯温，然而随着时移岁迁，他自己却因为有些事使朱元璋大为不满，常常受到责备。

这天，朱元璋又为一事对李善长生起气来，当场呵斥道：“你退去吧，我怎么会想起用你这个丞相？！”他决意将李善长的丞相撤了，另换别人。

这天，朱元璋特召刘伯温来商议，说：“如今善长是越来越不中用了，我打算另选他人替换他，你看怎么样？”

刘伯温听了，先是一愣，随后想道：这也是李善长罪有应得，朱元璋早就该对他有所认识了。但刘伯温到底是个有气度的人，凡事能做到从大局出发，不计较个人恩怨。他又一细想：更换丞相是关系到社稷前程的大问题。而且朝中功臣宿将又很多，要当好这个丞相也不容易。因此便劝朱元璋道：“李善长是大明的功臣，一直都享有很高的名望。他担任丞相，可以调和诸将，有利于上下同心。依臣下之见，还是看他的长处，不换为好。”

刘伯温的回答让朱元璋大吃一惊，他静静地看了看刘伯温，慨然问道：“李善长多次说你的坏话，想加害于你，你怎么还帮他说情呢？”

刘伯温笑笑说：“他想加害我，乃是私怨也。更换丞相，乃是朝廷大事。臣下怎敢以公报私呢？”

刘伯温说得非常诚恳，让朱元璋大受感动，心中暗赞：伯温先生真不愧是忠良之臣，胸怀如此宽广，未曾多见。俗话说，宰相肚里能撑船，他不就是这样的楷模么？想到这里，他不由心中一亮，高兴地说：“刘先生有这样的气量，真是难得。如今这个丞相的位置，就要先生你来担任好了。”

刘伯温一听要他做丞相，连忙跪倒在地，拜辞道：“不行！不行！这事好比给房屋更换梁柱，必须使用大木。臣下乃是一根小木，岂可为之？否则，那房子是会倒塌的呀！”朱元璋听了，半晌没作声。因想到朝中淮西人势力大，刘伯温也却有自己的难处，只好算了，说道：“这事以后再说吧！”刘伯温辞谢而去。

刘伯温没有接受丞相职务，但不久后，李善长得了病，他这个丞相还得换。到底让谁来接替呢？朱元璋物色了三个人，一个叫杨宪，一个叫汪广洋，一个叫胡惟庸。为了确定哪个人选更合适，朱元璋又找刘伯温征求意见。他先问刘伯温说：“我有意要杨宪当右丞，你看怎样？”

杨宪本是刘伯温的好友，关系密切，但刘伯温并不因此而偏向他。刘伯温听朱元璋问到杨宪，忙把杨宪为人衡量了一下，答道：“不行，杨宪虽有相才，但无胸襟。当宰相的人，必须持心如水，凡事以国家利益为权衡，不具私心，不计私怨。杨宪做不到这些，不能担此重任。”

“那么汪广洋呢？”朱元璋又问。

“汪广洋也不行。”刘伯温接着回答，“他器量偏窄，比杨宪还差。”

“那你看胡惟庸如何呢？”朱元璋又问。

刘伯温更是连连摇头：“不可不可。好比驾车，他非但驾不好车，恐怕连辕木都会毁坏的。”

朱元璋物色的三个人选刘伯温都否决了，朱元璋只好悻悻地说：“看来我的这个丞相，没有谁能比过刘先生的了。”

“不！不！”刘伯温连忙解释说，“臣下疾恶如仇，又耐不了烦剧的事务，更不可胜任。”这次对丞相的议论，又无结果。

刘伯温对于丞相的议论完全是开诚布公，毫无私念。后来的事实完全印证了他的分析和判断。汪广洋、杨宪、胡惟庸先后为相，都因办事不端，行为不轨，得罪了朱元璋，一个个被处死。

◎故事感悟

朱元璋成为明朝的创始人，其中一部分原因源于他礼贤下士、网罗人才和唯才是举的政策，使那些贤能的人，尤其是刘伯温，感到儒家理想中“圣君贤臣”的治世曙光一片光明。因此他们才肯鞍前马后，出谋划策，积极投身开国政治的忙碌之中。

◎史海撷英

朱元璋杀蓝玉

蓝玉是明王朝的开国大将，曾协助朱元璋打下江山，被朱元璋封为凉国公。1391年，四川建昌发生叛乱，朱元璋派蓝玉前往讨伐。临行前，朱元璋想向蓝玉面授机宜，命蓝玉手下将领退下，连说三次，竟无一人动身。然而蓝玉一挥手，他们却立刻退下了。这件事让朱元璋下定决心除掉蓝玉。

1392年的一天，早朝快结束时，锦衣卫便指挥使参奏蓝玉谋反，朱元璋随即命令将蓝玉拿下，并由吏部审讯。当吏部尚书詹徽令蓝玉招出同党时，蓝玉大呼："詹徽就是我的同党!"话音未落，武士们便把詹徽拿下。其他审判官们闻之目瞪口呆，也不敢再审了。三天后，朱元璋下令将蓝玉处死。

◎文苑拾萃

登江苏金坛顾龙山

明·朱元璋

望西南隐隐神坛，独跨征车，信步登山。
烟寺迁迁，云林郁郁，风竹珊珊。
一尘不染，浮生九还，客中有僧舍三间，
他日偷闲，花鸟娱情，山水相看。

乔致庸礼贤聚人气

◎人才不必问来自何方！——格言

乔致庸（1818—1907），字仲登，祁县乔家第三代。出身商贾世家，自幼父母双亡，由兄长抚育。本欲步入仕途，刚考中秀才，兄长故去，只得弃文从商。他是乔家门中最长寿的人，活了89岁，一生娶有6妻，因乔门中有不许纳妾的家规，都是续弦。于同治初年耗费重金扩建祖宅，修建了著名的乔家大院，被专家学者誉为“清代北方民居建筑的一颗明珠”。

山西祁县的乔家，是清朝时期显赫一时的商界巨子。

乔家的创始人名叫乔贵发。乾隆初年，乔贵发为了做生意，远离家乡走西口，最初只在包头的一个当铺中当了个普通的小伙计。经过十几年的努力，乔贵发攒了一些钱，就萌生了自己开店铺的想法。于是，他找到自己的同乡开了一个规模比较小的店铺，取名广盛公。但是，乔贵发的生意并不像想象中的那样红火，甚至可以用生意惨淡来形容。乔贵发一贯秉承义中取利的原则，从不做坑害顾客的事情，还十分珍惜自己的信誉。也正因为乔贵发的这些经商之道，他的债主们十分信任他，并不急着找他收账，而是约定三年之后再向乔贵发要账。

这三年时间给了乔贵发机会，他对自己的经商策略进行了深刻的分析，发现了许多不足之处，并在以后的时间里改掉这些缺陷。因此，广盛公的生意也一天天地好转起来。三年后，乔贵发不但还清欠款，还有许多赢利，生意越做越大。乔贵发对自己生意的复兴十分高兴，并把广盛公改名为复盛公。

乔家的生意就这样慢慢地发展起来，逐渐在山西形成了一定的规模，并在各地开设了许多分号。乔贵发死后，他的后人继续秉承先祖的经商之道，家族势力更加强大。

在乔家商业的发展历程中，有个人起到了承前启后的关键作用，这个人就是乔致庸。正是他将乔家的家族生意和票号发扬光大，使乔家闻名全国，他也因此而成为晋商中的代表人物。

乔致庸幼年读书很用功，并考中秀才。他也因此而大受鼓舞，准备进一步考取举人，走仕途之路。然而事与愿违，乔致庸的父亲死后，家族事业由他的兄长掌管。可是，这位兄长因为一次经营失误而一蹶不振，整日郁郁寡欢，没多久就去世了。临死前，他把整个家族的事业托付给了弟弟乔致庸。因为乔致庸的才能一向受到大家的夸奖，他相信这个弟弟有能力把家族事业经营好。

临危受命，乔致庸不得不放弃仕途之路，从此走上经商之路。

也许乔致庸有着天生的经商才能，他不仅雄才大略，还很善于在混乱的商场中进行决断，是位商场高手。在他的精心管理下，乔家在包头开办的复盛公商号发展为复盛公、复盛西、复盛全、复盛协、复盛锦、复盛兴、复盛和等拥有众多分支机构的庞大的复字号商业网络，几乎垄断了那里的商业市场。当时，世人都感慨于乔家产业的繁荣，有“先有复字号，后有包头城”的说法。后来，乔致庸还创立了几家闻名全国的票号，如大德通、大德恒。在他的经营下，乔氏家族的商业网络遍及全国各大城市、水陆码头。

乔致庸的成功之道，最重要的一点就是善于用人，对每个人都能够做到才尽其用，既能充分发挥每个人的才能，又不至于出现手下人忙碌不堪的现象。

乔致庸与他手下的爱将阎维藩之间就曾有过一段礼贤下士的故事。

阎维藩来乔家前，本是平遥著名的商家蔚长厚票号福州分庄的经理。他与蔚家的合作本来是很愉快的，但一个偶然的事件却让他想离开那里。阎维藩性格豪爽，与一位年轻的武官恩寿交往密切。恩寿虽有才能，却屡屡得不到升迁。无奈之下，他就找到好友阎维藩帮忙，想借一些银两疏通关系，以便能够升迁。阎维藩听到朋友的打算后，十分支持，很快就答应借给他白银十万两。恩寿十分感激阎维藩，发誓事成之后，一定把这些银两及时归还。但阎维藩借钱给恩寿并没有报告总行批准，而是纯粹的私人行为。没多久，阎维藩的仇人就向总行告发，说他有私自借款的行为。总行对他十分不满，并对他严加斥责。阎维藩只得忍气吞声。

过了几年，恩寿不仅把借款全部还清了，还付足了利息。阎维藩的心里总算舒了一口气。但是，他一想到总行对自己的严厉斥责，就十分不满，便不想再在那里工作了。

乔致庸得知后，认为阎维藩有着非凡的经商才能，是个商界奇才，便准备了八抬大轿，派两班人马，轮流在阎维藩的必经之路等候。这批人马苦等了几日，才遇到阎维藩。乔致庸让自己的儿子上前说明用意。乔家父子的举动使阎维藩十分感动。他认为，凭借乔家的势力，找个像他这样的人轻而易举，而他们却如此兴师动众，充分说明乔家对自己的重视，于是就答应了乔家的邀请。在回来的路上，乔致庸还特别嘱咐儿子，要让阎维藩坐八抬大轿，并让他骑马相伴左右。阎维藩怎能接受这样的礼遇？谦让了许久之后，才想出一个解决办法：他把自己的衣帽放在轿子里，算是代替他坐轿了。

到乔家后，乔致庸当即聘请阎维藩出任乔家大德恒票号经理。阎维藩为报答乔致庸的知遇之恩，当即表示愿殚精竭虑，效犬马之劳。

阎维藩接手大德恒票号后，大刀阔斧地进行改革，生意做得越来越红火。在他主持大德恒票号的二十六年间，每逢账期按股分红均在一万两左右。

乔致庸善于用人的典型例子还有很多，如破格任用文盲马荀为大掌柜等。

乔致庸还在家族商业网络中设置了严格的店规和家规。不仅店铺内的伙计、掌柜有严格的店规，就连家人也有详细的家规。这也是他能获得成功的另一重要原因。

乔致庸治家很严，不准乔氏家族子弟吸毒、纳妾、虐仆、赌博、冶游、酗酒。这些家规既是乔氏家族团结一心的纽带，也是家庭和睦的保证。虽然乔致庸先后娶过六位妻子，但这并不违反家规，因为后来的五位妻子都是续弦。乔致庸经常告诫儿孙及家族子弟，要戒“骄、贪、懒”三字，并教育儿孙“唯无私才可大公，唯大公才可大器”，“气忌躁、言忌浮、才忌露、学忌满、知欲圆、行欲方”，“待人要丰，自奉要约”等等。

他为了时刻督促自己和家人按照家规行事，还在内宅门上挂了一幅亲手写的对联：

求名求利莫求人，须求己。

惜衣惜福非惜财，缘惜福。

◎故事感悟

乔致庸为了网罗人才，敢于打破常规、破格提拔人才，并做到用人不疑，用人所长，正是这种以人为本的思想为乔家事业发展奠定了基础，从而帮他实现了最终的理想。这也为当代的管理者树立了一个值得学习的典范。

◎史海撷英

左宗棠与乔致庸的交往

光绪年间，左宗棠任清廷钦差大臣，督办新疆军务，与乔家的大德通、大德恒等票号结成了密切的关系。左宗棠所需军费等，也多由乔家票号存取汇兑。军费急缺时，还会向乔家的票号借支透支。

西北安定下来后，清廷便调左宗棠回京任军机大臣，路上所需费用也都取自乔家票号。恰好乔家所在地山西祁县位于川陕往京城官道上，所以，左宗棠途经祁县时，特地拜访了大掌柜乔致庸。

乔致庸十分欣喜，做了迎接左宗棠的充分准备。当左宗棠见到乔致庸时，直称：“亮大哥，久仰了。”对于左宗棠的这个称呼，乔致庸简直是受宠若惊。在乔宅叙话时，左宗棠一再表示，自己能够在西北有所作为，均仰仗“亮大哥”票号的大力支持。乔致庸也趁机请左宗棠为大门前的百寿图题一副对联。左宗棠即兴挥笔：损人欲以复天理，蓄道德而能文章。

恭·恭贤敬长

第二篇

举贤·任贤·敬贤

虞丘子举贤让位

◎江山代有才人出，各领风骚数百年。——赵翼

孙叔敖（约前630—前593），芮氏，名敖，字孙叔。春秋时期楚国期思（今河南固始）人，楚国名臣。在海子湖边被楚庄王举用，公元前601年出任楚国令尹（楚相），辅佐楚庄王施教导民，宽刑缓政，发展经济，政绩赫然。主持兴修了芍陂（今安丰塘），改善了农业生产条件，增强了国力。

春秋时期，楚国有个大官，名叫虞丘子。

有一天，虞丘子对楚庄王说：“我当了10年令尹，也没有什么功绩，很惭愧。我想推荐一个人来代替我。”

楚庄王说：“你给我办了许多年的事，使楚国一天天强盛起来，终于成为各诸侯国中的强盛者，怎么能说自己没有功绩呢？我还需要你做许多事情，为什么要离开呢？”

虞丘子说：“我年纪大了，学问又不够，如果总占着令尹的位子，比我更有本事的人就不会出来为楚国出力。有个叫孙叔敖的人，很有学问，品行又好，老百姓都很敬重他。要是请他来当令尹，楚国就一定可以更加强盛。请答应我的请求，也算是我为楚国做了一桩好事吧！”

楚庄王见虞丘子说得这么恳切，只好答应了他的请求。

孙叔敖当了令尹，勤勤恳恳地办事，果然把楚国治理得很好，举国上下都很尊重他。

有一次，虞丘子家里有人犯了法，孙叔敖很公正地办了那个人的罪。虞丘子知道后，并没有责怪孙叔敖不讲情面。

后来，他见到了楚庄王，很得意地对楚庄王说："我不是说过，孙叔敖是个挺能干的人吗？这回你该相信了吧！"

楚庄王也高兴地说："我要感谢你推荐了这样一位好令尹呀！"

◎故事感悟

虞丘子主动让位，这是需要勇气和胸襟的。"亚圣"孟子论及为官之道时说："可以仕则仕，可以止则止，可以久则久，可以速则速，孔子也。"意思是说，应该做官就做官，应该隐退就隐退，应该长久干就长久干，应该尽快让贤的就尽快让贤，圣人孔子就是这样做的。虞丘子之所以要求让位，并不是因为自己已不能胜任，而是发现了比自己更能干的人。从国家的利益考虑，他才作出了迅速让位的决定。虞丘子的这种圣人之风，与那些在其位却不谋其政而又患得患失的显官冗员相比，实有天壤之别。

◎史海撷英

孙叔敖的治国之功

孙叔敖做了令尹之后，不仅重视农业，还特别注重牧业和渔业的发展，在汉西利用沮水兴修水利，还在江陵境内修筑了大型平原水库"海子"。

同时，孙叔敖还积极鼓励农民秋冬上山采矿，促进了青铜业的快速发展；他还劝导百姓利用秋冬农闲季节上山采伐竹木，再在春夏多水季节通过河道运出去卖掉，这样又使资源得到合理的开发和利用，有利于国家富足和百姓生活改善。

在孙叔敖等人的努力下，楚国出现了一个"家富人喜，优赡乐业，式序在朝，行无螟蜮，丰年蕃庶"的全盛时期。

◎文苑拾萃

孙叔敖墓

清·郑机

唯楚有材举亦殊，叔敖入相海之隅。

虞邱荐牍输巾帼，优孟陈情胜士夫。

围郑回辕非畏事，城沂命日有深图。

功名岂尽埋蛇报，阴骘从来信不诬。

祁黄羊不避亲仇

◎人才难得又难知，就要爱惜人才，就要用人不疑。——周扬

祁奚（前620—前545），姬姓，祁氏，名奚，字黄羊。春秋时晋国人（今山西祁县人），因食邑于祁（今祁县），遂为祁氏。周简王十四年（前572），晋悼公即位，祁奚被任为中军尉。

春秋时期，晋国有一员大将叫祁黄羊，因为年纪大了，就向晋悼公提出辞职的请求。晋悼公看着白发苍苍的祁黄羊，惋惜地说："你走了，派谁来接替你呢？"

祁黄羊毫不迟疑地回答说："叫解狐去最合适了，他一定能把军队管理好。"

晋悼公觉得很奇怪，便问道："解狐不是你的仇人吗？你为什么要推荐他呢？"

祁黄羊说："大王只问我什么人能带好军队，并没有问解狐是不是我的仇人哪！"

后来，晋悼公就决定派解狐上任，不幸的是，解狐得急病死去了。

这时候，悼公又问祁黄羊："解狐死了，你看再派谁好呢？"

祁黄羊说："祁午能担任这个职务。"

晋悼公又纳闷了，他说："祁午不是你的儿子吗？你怎么推荐起自己的儿子来了呢？"

祁黄羊回答说："大王只问我谁能担当这个职务，并没有问祁午是不是我的儿子呀！"

晋悼公听了祁黄羊的话，决定派祁午接替祁黄羊。祁午上任后，跟他父亲一样，赏罚分明，受到人们的赞扬。

◎故事感悟

祁黄羊的心是无私的，不管是仇人还是亲人，都能做到唯贤是举。这种身居高位而不盛气凌人，功绩卓著又不骄傲自大，贤德而不故作清高，个性刚直又谦和的人，是值得尊敬的。

◎史海撷英

祁奚公而无私

“栾盈之难”后，范宣子因羊舌虎的原因，囚禁了叔向(即羊舌肸)。叔向谢绝了乐王鲋“吾为子请”的好意，希望祁奚可以为他主持公道。他说:“祁大夫外举不弃仇，内举不失亲，其独遗我乎?”祁奚听说这件事后，便请求范宣子赦免了叔向。他对范宣子说，叔向惠而有谋，是国家的栋梁，因为他弟弟的缘故而杀了叔向，简直就是弃国家社稷于不顾。这种做法是非常愚蠢的。于是，范宣子赦免了叔向。

祁奚的做法皆出于公心，所以，事后他“不见叔向而归”。叔向也明知祁奚这样做是为了国家，并非因为偏爱自己，所以也不登门拜谢祁奚。可见，叔向对祁奚的为人还是十分了解的。

◎文苑拾萃

诗经·采菽

采菽采菽，筐之莒之。君子来朝，何锡予之。
虽无予之，路车乘马。又何予之?玄衮及黼。
觱沸槛泉，言采其芹。君子来朝，言观其旂。

其旂淠淠，鸾声嘒嘒。载骖载驷，君子所届。

赤芾在股，邪幅在下。彼交匪纾，天子所予。

乐只君子，天子命之。乐只君子，福禄申之。

维柞之枝，其叶蓬蓬。乐只君子，殿天子之邦。

乐只君子，万福攸同。平平左右，亦是率从。

汎汎杨舟，绋纚维之。乐只君子，天子葵之。

乐只君子，福禄膍之。优哉游哉，亦是戾矣。

蔡邕倒屣迎宾

◎我劝天公重抖擞，不拘一格降人才。——龚自珍

蔡邕（133—192），字伯喈，陈留圉（今河南杞县）人。东汉著名文学家、书法家。博学多才，通晓经史、天文、音律，擅长辞赋。灵帝时召拜郎中，校书于东观，迁议郎，曾因弹劾宦官流放朔方。献帝时董卓强迫他出仕为侍御史，官左中郎将。董卓被诛后，为王允所捕，死于狱中。蔡邕著诗、赋、碑、诔、铭等共104篇。他的辞赋以《述行赋》最知名。

蔡邕是东汉时著名的文学家和书法家。190年，汉献帝迁都长安，蔡邕也一起到了长安。这年蔡邕已59岁了，是献帝的左中郎将，进出常是前呼后拥，车骑填巷，真可谓才学显赫，权倾朝野了。

当时，山阳高平（今山东省微山县）有个叫王粲的人，幼年时特别喜好读书，精通古代文学以及秦汉以后的诗文，并且练就了扎实的写作基本功。王粲向人借钱买了一些纸张，在街头设案代笔，很受老百姓的欢迎。很多家人在外做生意未归的，在边关服役未满期限的，或有打听亲朋旧友下落的，或商量两家儿女婚姻期限的，都来请王粲代笔写信。他的信写得十分出色，很擅长模仿发信人的口吻，将事情原委讲得清楚明白，读信人见信如面，亲昵之情跃然纸上。有一位弃妻出走的丈夫，在外地收到妻子的信，不禁失声痛哭，深深被妻子的痴情所感动，终于归来，与妻子破镜重圆。还有一位青年和尚，收到老母家信，信中尽述母亲度日之艰难，晚景之凄凉，顿生愧疚之心，毅然退出佛门，重返尘世以尽孝心。

这一消息不胫而走，人们纷纷传说京城出了个“王铁笔”。

有一天，这事终于传入高门大户，被蔡邕知道了。他听说一纸书信竟能使和尚还俗，感到诧异，便急忙对仆人说：“快去请那位‘王铁笔’来，我想看看他到底有没有真本事。”

一天，蔡邕正在花厅里看书，仆人进来禀报说：“大人，那个人找到了！”

“快请他进来！”

仆人把王粲领进来，这位近60岁的左中郎将笑了：“哎呀，没想到你竟是一位少年，我还以为是一位年过花甲的老先生啊！请坐！”

王粲地位低下，不敢入座。蔡邕说：“我今天以文会友，何必客气呢！”王粲连连称谢。主人一边吩咐看茶，一边谈起文章之道。交谈中，蔡邕发现，这位少年对答如流，显露出惊人的文学才华，他非常高兴。当了解王粲家世后，老人家眉头一紧，缓缓地说：“我想请你答应两件事，不知可否？”

“大人请说吧。”

“第一件事，请你今后常来，我们可以多多切磋、商讨；第二件嘛，请你给我这个花厅写一首诗。”

王粲思索了一下，挥笔写下了一首诗，连连说：“我这是班门弄斧，献丑了。”

蔡邕看也没看，便付重金作为酬谢。他这是变着法子周济王粲呢！

从这以后，他俩成了忘年交。

有一次，蔡邕设宴请客，门外车马喧闹，室内高朋满座，都是一些有头有脸的人物。不一会儿，仆人凑近蔡邕的耳朵低声说：“门外王粲求见。”蔡邕立刻亲自跑出去迎接，慌忙中，鞋子竟穿倒了。众人见主人如此慌慌张张的样子，以为必是有什么社会名流驾到，大家纷纷起立，不料来的人却是一个少年！

从此，蔡邕礼待布衣、“倒屣迎宾”的故事便流传开来。王粲后来成为“建安七子”之一，是个著名的文学家。

◎故事感悟

为了迎接自己爱惜的贤才，竟然将鞋穿反。蔡邕的故事堪比“周公吐哺”啊！这件事既反映出蔡邕不以年龄论尊卑、爱才惜才的仁者风范，也令名不见经传的王粲身价倍增。

◎史海撷英

王粲被曹操委以重任

建安十三年(208)七月，曹操起兵，攻打刘表。刘表死后，次子刘琮继位。章陵太守蒯越、荆州府东曹椽傅巽和王粲等人，力劝刘琮向曹操投降。刘琮听从了他们的劝告。

九月，刘琮举州投降曹操，王粲也随之到曹操幕府任职。此后，王粲仕途可谓一帆风顺，不断获得升迁，一直被曹操委以重任。王粲先是由于劝刘琮归降有功，被授为丞相掾，赐爵关内侯，后来又迁军谋祭酒。建安十八年(213)，汉献帝封曹操为魏公，加九锡。魏国既建，王粲官拜侍中。

◎文苑拾萃

翠鸟诗

东汉·蔡邕

庭陬有若榴，绿叶含丹荣。
翠鸟时来集，振翼修形容。
回顾生碧色，动摇扬缥青。
幸脱虞人机，得亲君子庭。
驯心托君素，雌雄保百龄。

小霸王收服太史慈

◎人才难得而易失，人主不可不知之。——梁佩兰

孙策（175—200），字伯符，吴郡富春（今浙江富阳）人。孙坚之子，孙权长兄。东汉末年割据江东一带的军阀，汉末群雄之一，三国时期吴国奠基者之一。绰号"小霸王"。为继承父亲孙坚的遗业而屈事袁术，并在讨伐割据江东各军阀过程中增强自军实力，终于统一江东。后因被刺客淬毒刺伤后身亡，年仅26岁。其弟孙权称帝后，追谥他为长沙桓王。

"小霸王"姓孙名策，字伯符，是三国时江东名将孙坚的长子，孙权的长兄。

孙策的父亲孙坚是一个英雄人物。他原是长沙太守，参与了十八路诸侯讨伐无道专权的董卓的行动，把董卓赶出洛阳。在洛阳，他无意中得到了传国玉玺，就返回江东，想占据江东，开创一世的基业。但就在他势力逐渐壮大的时候，却遭遇了严重的挫折。在一次同刘表争夺荆州的战斗中，孙坚打了个大败仗，自己也战死了。

孙策是个有志气的人。他安葬了父亲后，决心继承父志，完成父亲未竟的事业。可是，荆州大败后，部队已经被打散，能收拾起来的人马只有几百人，身边也没有几员可用的战将。怎么办呢？他决定借兵买马，广招贤才。

孙策先找到袁术，用父亲留下的传国玉玺作抵押，借到了3000名兵，500匹马，有了基本的队伍。然后写信约来老朋友、足智多谋的周瑜周公瑾。再经周瑜推荐，任用两位江东名士张昭和张纮，再加上从袁术那里得到的朱治、吕范，原有的老将程普、黄盖等，一时之间也集聚了相当的力量。孙策就带着他的人马开始了第一个军事行动——夺取曲阿。

当时的扬州牧刘繇听说孙策带兵来攻，就派部将张英引军在半路截击。孙策的士气正盛，第一仗就打了个大胜仗，不但得到了很多粮食和兵器，还收降了4000多士兵。孙策非常高兴，乘势把军队推进到神亭岭北下营。刘繇的败军退到了神亭岭南。

这天晚上，月色很好，孙策乘兴带了程普等几个将领到岭上偷看刘繇的营寨。看了半天，正要转回，突然听到岭上有人大吼："孙策不要走！"

孙策和诸将回头一看，见有两个人骑着马从侧面冲了过来，便摆开兵器，严阵以待。

领头的是员小将，年纪20岁左右，他冲到面前，提枪勒马，又大吼一声："哪个是孙策？"

孙策一看，后面并没有其他人马，心想，这家伙胆量真大，就问："你是什么人？"

小将回答："我就是东莱太史慈，专门来捉拿孙策。"

孙策笑着说："哦，我就是孙策。看你年纪不大，口气却不小。你就是两个来对我一个，我都不怕你。我若是怕你，就不是孙伯符。"

小将说；"原来你就是孙策，我看你年纪也大不到哪儿去。你就是全部人来，我也不怕你！"说完，纵马横枪，就来刺孙策。

孙策挺枪来迎，两人大战50回合，不分胜负。程普等将暗暗称奇：孙策平时勇力过人，武艺高强，没想在这里遇到了敌手。

太史慈看看孙策武艺出众，不可力敌，只能智取，于是佯装败北，想把孙策引开，到僻静处再擒。太史慈边战边走，孙策穷追不舍，到了一处平坦的地方，太史慈回马再战。两人一战又是50多回合，仍不分胜败。这时，两人已是精疲力尽，都挟住了对方的枪，同时用力一拖，都滚下马来。两人仍不罢休，干脆丢了马，弃了枪，揪住扭打起来，战袍被扯得粉碎。孙策手快，一把夺过太史慈背上的短戟，太史慈也一把抢去孙策的头盔，两人又拿着短戟和头盔恶斗起来。

这时，双方怕自己的将领有失，都各引大军来到。这才鸣金收兵，两人罢战。

回到营寨，左右都忙着让孙策洗脸换衣，饮茶用饭。程普说："太史慈这家伙太无礼，明天上阵要杀了他给主公解恨。”

孙策摆了摆手，说：“不，不能杀他。”

程普等人不解，都看着孙策。

孙策说：“我曾经历过无数次战斗，还没有遇到过对手。从今天这场恶战看来，太史慈真是一员虎将。我现在要继承父亲的遗志，开创一世的基业，正是用人的时候，这样的人才不可不用啊。我一定要收服太史慈，并且重用他。”

说到这里，孙策命人将在战场上被太史慈扯碎的战袍取来，高挂在墙上，说：“我曾在一次战斗中一时之间挟死一将，喝死一将，被人称做‘小霸王’，自己也经常认为是天下无敌手。这件战袍就可随时提醒我：人外有人，天外有天。从这一点上说，太史慈是我的老师啊。我一定要用计擒住他，使他归顺我，为我所用。”

第二天，刘繇带军来到孙策营前，孙策也引军出迎。太史慈出马挑战，让军士用枪挑着孙策的头盔，大声叫喊：“孙策的人头在此！快快投降！”

孙策阵前的将领气愤不过，几次想冲出去同太史慈硬拼，都被孙策止住了。孙策自己也不出阵，反而命令将士退回营寨，关闭寨门。无论太史慈如何叫骂，也不理睬。

当天夜里，孙策乘刘繇军十分疲惫，又很轻敌，就分兵五路，去偷袭刘繇的营寨。刘繇和太史慈毫无准备，被打得大败，仓皇逃回曲阿。

孙策看看没有抓住太史慈，并没有灰心。他和周瑜又定下计策，一定要活捉太史慈，并说服他投降。

孙策命令大军三面攻城，只留下东门不攻，然后在离城30里处埋伏好军队，等太史慈到时活捉他。孙策又派人潜入城内，放起火来。太史慈看到孙策大军攻得太急，自己的军队又刚打了败仗，无法抵挡，只好从东门逃跑。太史慈刚刚出了东门，孙策就带领兵马追了过来。太史慈边战边走，突然不见了后面的追兵。他策马又向前走了几里路，渐渐放下心来。

就在这个时候，两边的芦苇丛中突然叫喊起来。孙策的军士提起绊马绳，将太史慈的马绊翻。太史慈摔倒在地下，左右埋伏的将士一齐扑上去，活捉了太史慈，将他捆绑着押往营寨。

这时孙策打了胜仗，正在营中等候，听见军士押解太史慈到来，连忙出营迎接。他喝退了士卒，亲自为太史慈解开绳索，将他请入营寨中，又把自己的锦袍给太史慈穿上，诚恳地说："从神亭岭一交手，我就知道将军是个不可多得的将才。刘繇真是愚蠢之辈，不能重用将军。我现在正四处聘请贤能，想继承父亲的志向，在江东干一番事业，不知将军肯与我共事吗？"

太史慈看到孙策态度很诚恳，就投降了孙策。

孙策非常高兴，亲自拉着他的手，让他在自己的座位上坐下，指着墙上挂着的破战袍说："将军可认识这件东西？"

太史慈看了，说："这是主公的战袍吧？"

孙策呵呵大笑说："正是正是，这就是在神亭岭交手时，被你扯碎的战袍。我有意挂在这儿，让我天天见到它，就想起你的英勇，记取我的不足。"

太史慈欠欠身，说："惭愧惭愧。"

孙策笑着说："在神亭岭交战时，如果当时你抓住了我，你会加害于我吗？"

太史慈想了想，说："那是很可能的啊。"

孙策大笑，说："好，好，我就喜欢这样坦诚痛快的人！"

孙策传令摆宴，邀集众将作陪，款待太史慈。

席间，太史慈说："我投主公，没有尺寸之功。现在刘繇的军队刚刚被打败，将士们人心不稳。我愿意乘此机会去收拾残余的人马，来投顺主公。不知主公能相信吗？"

孙策起身说："好啊，这正合我的心意，哪有不相信之理？我现在就同将军约定：明天正午，我等着将军回来，行不行？"

太史慈起身，拱手说："好，就这么办，一言为定，事不宜迟，我现在就走。"

孙策将太史慈送到营前，太史慈策马而去。

太史慈走了以后，将领们都议论纷纷，认为太史慈是乘机借故逃走，一定不会回来了，私下都埋怨孙策太过于相信太史慈。

孙策听见这些议论，就说："我看太史慈是个忠信的人，一定不会背弃我。"

第二天中午，孙策命手下人立了一根竹竿在营前，以观察日影，然后等候着太史慈到来。众将领也来到营前观看。

果然，正午一到，竹竿的影子刚同竹竿相重合，太史慈就飞马赶到，身后跟着2000多个前来投顺的士兵。

在场的人们都欢呼起来。大家都赞扬太史慈守信用，更赞扬孙策能知人。

孙策收服了太史慈，又打了大胜仗，人马一下扩大到数万人。他一路上向东挺进，安抚百姓，聘任贤能，力量越来越强。江东的百姓听到孙策的贤名，都非常仰慕，呼他做“孙郎”。孙策终于继承父亲的遗志，为东吴开国打下了坚实的基础。太史慈从此也成了东吴一员战功卓著的名将。

◎故事感悟

孙策是当之无愧的真英雄，但是作为一代英雄的他，并没有骄傲自满。在与太史慈的交战中，他及时发现了对方的才能，并用真诚的心打动对方，任为己用。孙策这种爱才、惜才的精神仍然值得当今管理人员借鉴。

◎史海撷英

孙策平定江南

199年12月8日，孙策进至沙羡（今湖北嘉鱼县北）。刘表派侄儿刘虎和南阳人韩晞带领长矛队5000人赶来支援黄祖。11日，孙策率周瑜、吕蒙、程普、孙权、韩当、黄盖等将领同时并进，与敌大战。黄祖几乎全军覆没，韩晞战死。黄祖脱身逃走，士卒溺死者达万人，孙策缴获战船6000艘。

孙策一鼓作气，东进豫章，驻军椒丘（江西新建县北），对虞翻说：“华歆名闻于世，但绝非我的对手。如果不早归附，将来金鼓一震，战局一开，伤害在所难免。你先进城去，把我的意思说给他听。”虞翻领命进城，见到华歆，说明利害，华歆开城投降。

孙策从豫章郡中分出一部分，设立庐陵郡，任孙贲为豫章太守，孙辅为庐陵太守，而留周瑜镇守巴丘。

孙策还先后击破邹伦、钱铜、王晟、严白虎等部。

曹操听说孙策平定了江南，叹息说：“猘儿难与争锋也！”于是，曹操就把从弟曹仁的女儿许配孙策的弟弟孙匡，又让儿子曹彰娶了孙贲的女儿，并以礼征召孙权、孙翊，命扬州刺史严象推举孙权为茂才。

◎文苑拾萃

孙伯符

宋·刘克庄

霸略谁堪敌伯符，每开史册想规模。

一千扫众横江去，十七成功自古无。

不分老瞒称猘子，便呼公瑾作姨夫。

君看末命尤奇特，指顾张昭为托孤。

水镜先生巧荐孔明

◎恭，敬也。——《尔雅》

刘备（161—223），字玄德，涿郡涿县(今河北涿州)人。汉中山靖王刘胜的后代，三国时期蜀汉开国皇帝，221—223年在位。东汉灵帝末年，刘备因起兵讨伐黄巾军有功而登上政治舞台。赤壁之战后得到荆州五郡，后又夺取益州。夺取汉中击退曹操后，刘备于建安二十四年（219）七月自立为汉中王。魏黄初二年（221），时曹丕已于上年十月逼迫汉献帝禅让皇帝位，蜀中又传言汉献帝已经遇害，刘备遂于成都即皇帝位，年号章武。次年伐东吴兵败，损失惨重，退回白帝城。蜀汉章武三年（223）因病崩逝，享年63岁。

刘备去襄阳赴宴，席间伊籍告知蔡瑁要害他，便离席上马向西急逃。他纵马过溪后，巧遇隐者水镜先生。

水镜一望其气色，已料到他在逃难，并指出刘备落魄至今，是因“左右不得其人”。又说：“今天下奇才尽在于此，公当往求之。”

显然，水镜是有意向刘备荐贤，他笼统说“天下奇才尽在于此”，暗示此间有“奇才”，却不具体说明何人，是为了引起刘备求贤的愿望。

果然，刘备急问道：“奇才安在果系何人？”

水镜说：“伏龙、凤雏，两人得一，可安天下。”

水镜虽不点出伏龙、凤雏是何人，但已明白告诉刘备：伏龙，凤雏，不是一般贤者，而是大贤，得了一个便“可安天下”。

这么了不起的人，刘备怎么能不想求得呢？因此忙问：“伏龙、凤雏何人也？”

水镜抚掌大笑说：“好！好！”还是不明指其名。

刘备再问，水镜便顾左右而言他，要他“于此暂宿一宵”再说。这位“奇才”，必然引起刘备的悬念。

刘备晚间听隔壁有人和水镜谈话，便疑此人不是伏龙便是凤雏，寝不成寐。天刚破晓，便迫不及待地求见水镜，问昨晚谈话者的姓名。

等到徐庶与刘备分别，推荐诸葛亮的时候，水镜先生才上门来拜访刘备。

刘备问：“元直（徐庶的字）临行，荐南阳诸葛亮，其人若何？”

这时，水镜才具体介绍孔明的情况，说：“孔明与博陵崔州平，颍川石广元，汝南孟公威与徐元直四人皆密友。此四人务于精纯，唯孔明独观其大略。尝抱膝长吟，而指四人曰：‘公等仕进可到刺史、郡守。’众问孔明之志若何，孔明但笑而不答。每常自比管仲、乐毅，其才不可量也。”

这时，关云长就在旁边，他不同意水镜先生的话：“孔明自比此二人，毋乃太过？”

水镜却笑着回答说：“以吾观之，不当比此二人，我欲另以二人比之。”

关羽问是哪两个人。水镜说：“可比兴周800年之姜子牙，旺汉400年之张子房。”

刘备与关羽都愣住了。

水镜先生推荐孔明，上次是虚荐，这次是实荐，上次是抽象描绘其人，这次是具体介绍其本事。如此荐人，确是煞费苦心，足见其荐人之郑重。这就不能不引起刘备的重视，刘备后来“三顾草庐”，实起因于水镜的郑重推荐。

◎故事感悟

荐贤也是一种艺术，如方法不对头，就达不到荐贤的目的。水镜荐孔明很耐人寻味，其荐贤之方甚妙：说是荐贤，又没有点明是谁；说是随便推荐，却是在力荐。

◎史海撷英

刘备怀仁

刘备天生宅心仁厚，在外抵御贼寇，在内则乐善好施，即使是普通百姓，也都可以与他同席而坐。据说，郡民刘平不服从刘备的管理，唆使刺客前去暗杀刘备。而刘备却毫不知情，对刺客十分礼遇。刺客深受感动，不忍心杀害刘备，便说明实情离去。

当时，黄巾军的余党管亥率军攻打北海，北海相孔融被大军围困，情势十分危急，因此派太史慈突围，向刘备求救。刘备惊讶地说："北海相孔融居然还知道世上有我刘备！"于是立刻派三千名精兵随太史慈去北海救援孔融。黄巾军听说援军到了，都四散而逃，孔融由此而得以解围。

◎文苑拾萃

登主楼怀刘备悼跳楼同门

佚名

求田问舍唯堪笑，报国忘家烈可闻。
不敢高声因百尺，虽居鄙地亦三分。
孤楼一跃埋轻骨，明月岂能照使君？
自诩艰难无匹敌，只缘身已过浮云。

孔明力荐庞统

◎片言之赐，皆事师也。——梁启超

庞统(179—214)，字士元，荆州襄阳(今湖北襄樊)人。东汉末年刘备帐下谋士，官拜军师中郎将。才智与诸葛亮齐名，道号“凤雏”。在进围雒县时，庞统率众攻城，不幸被流矢击中去世，时年36岁。追赐关内侯，谥曰靖侯。庞统死后，葬于落凤坡。

水镜先生对孔明和庞统的评价是：“伏龙、凤雏，两人得一，可安天下。”可见庞统的才智与孔明不相上下。

而孔明对庞统却毫无嫉妒之心，将庞统力荐刘备，并对他关怀备至。凤雏先生也的确是名不虚传，他一出场便与众不同：“欲破曹公，须用火攻。”这是孔明和周瑜不约而同的决策，但大江之上，一船着火，余船四散，要尽烧敌船，也是难事。

庞统却巧妙借助蒋干的引进，连夜去见曹操，献上连环计，使曹军战船被烧个精光。庞统的“连环计”，可与孔明的“借东风”媲美。

庞统虽立下大功，却不为东吴所用。

后来，孔明来柴桑口吊丧后，向鲁肃辞回。刚要下船时，只见江边有个人道袍竹冠，皂绦素履，一手揪住孔明大笑着说：“你气死周郎，却又来这里吊孝，难道是欺负东吴没人吗！”

孔明急视其人，正是凤雏先生庞统。孔明也大笑，两人携手登船，各诉心事。原来两人是多年老朋友。孔明便留下一封书信给庞统，说：“我料到孙仲谋肯定不会重用你。稍有不如意，你可以来荆州与我共同辅佐刘玄德。这个人宽仁厚德，一定不会辜负你的平生所学。”庞统果然如孔明所言，去了刘备那里。

刚开始，刘备也以貌取人，不肯重用庞统，后来张飞去了解后，才知道庞统的才华，便回报刘备。这时，正好按察四郡回来的孔明又力赞庞统之才，指出：“士元（庞统的字）非百里之才，胸中所学，胜亮十倍。”刘备遂拜庞统为副军师中郎将，与孔明共商方略。

后来，庞统跟随孔明取西川，孔明致书刘备借星异告诫切宜谨慎。

刘备根据孔明的嘱托，要庞统还守涪关。庞统大笑说：“主公被孔明所惑矣！彼不欲令统独成大功，故作此言以疑主公之心。”

庞统因急于立功，未摸清敌情便与刘备分路进兵，终于在落凤坡死于敌人乱箭之下。孔明得知庞统身亡，为“吾主丧一臂”而放声大哭。

◎故事感悟

凡与己齐名的，荐之不易。战国时，庞涓与孙膑俱学兵法于鬼谷子，孙膑学优于庞涓。涓为魏将，嫉膑之能，伪介于魏而削其足。齐国淳于髡出使魏国，乃得载膑归，威王以为师。魏伐齐，膑设计困涓，涓智穷自刎。庞涓嫉贤妒能，害人终反害己。孔明与庞涓恰恰相反。孔明爱惜庞统，庞统却错怪孔明，一是丞相之腹，一是谋士之疑，其差别如此。而孔明痛哭庞统，足见其爱才惜贤之心。

◎史海撷英

庞统识人

吴国大将周瑜帮助刘备攻取荆州后，兼任南郡太守，此时，庞统仍担任功曹。周瑜去世后，庞统到吴国送葬。吴国很多人都听说过庞统的大名，因此当他要返回荆州时，很多知名人士都齐会昌门，为他送行。庞统又开始品评人物，他说：“陆子可谓驽马有逸足之力，顾子可谓驽牛能负重致远也。”接着，他又对全琮说:“卿好施慕名，有似汝南樊子昭。虽智力不多，亦一时之佳也。”陆绩、顾劭对庞统说:“使天下太平，当与卿共料四海之士。”于是，庞统与他们结交而归。

后来有人问庞统:“您看，陆绩比顾劭好吗？”庞统说:“驽马虽精良，但乘坐的只是一人罢了。驽牛一天走三十里，所负载可不是一个人的重量呀！”据说，顾劭曾去见庞统，两人一起高谈阔论。顾劭问庞统说:“您有善于知人之名，你说说，我和您相比，谁更出色一些？”庞统说:“讲到陶冶世俗，甄综人物，我比不上您；但是，如果论帝王之秘策，揽倚伏之要最，我可就比您强一点了。”顾劭认为庞统的话有道理，把他引为知己。

◎文苑拾萃

鹿头山·过庞士元墓

宋·陆游

士元死千载，凄恻过遗祠。
海内常难合，天心岂易知。
英雄千古恨，父老岁时思。
苍藓无情极，秋来满断碑。

吕蒙举贤

◎贤能者，必当举荐之。——格言

吕蒙（178—219），字子明，汝南富波（今安徽阜南东南）人。少为孙权别部司马，治军有方，士卒操练娴熟，得宠任。建安十三年（208），从权征灭刘表将领黄祖，升横野中郎将。当年，又随周瑜、程普大破曹操于赤壁。后升左护军、虎威将军。鲁肃卒，代督其军，屯陆口，与关羽为邻。定荆州，为巩固孙吴西部地区统治立下功勋。升南郡太守，封孱陵侯。

三国时，吴国大将吕蒙因小时候没有好好学习，在写文章方面比较吃力。每当他遇到大事要写呈文时，总以大白话的形式写出来，文章没有一点文采。他常常因这一缺点遭到江夏太守蔡遗的讥讽。吕蒙觉得自己的文章、奏文本来就写得不好，因此毫不介意。

后来，孙权要他推荐一人做豫州太守，吕蒙马上推出蔡遗，孙权听后笑着说："你是不是想学春秋时晋国祁奚啊？落个举贤不记仇，举贤不避亲的好名？"但孙权还是听从了吕蒙的话，任用蔡遗为豫州太守。

守关将领甘宁粗暴好杀，不但常顶撞吕蒙，有时还违抗孙权的命令。

孙权很恼火，吕蒙怕孙权一怒之下杀了甘宁，马上为他开脱。

吕蒙劝孙权说："现在天下未统一，正是用人的时候，像甘宁这样的守边大将，虽粗鲁一些，但还是难得的猛将，您还是容忍他些吧。"

孙权听后觉得有道理，不但没治甘宁犯上的罪责，还待他很好，充分发挥他勇猛的特长，使他为吴国守关立下功劳。

◎故事感悟

“彼人臣之公，治官事则不营私家，在公门则不言货利，尚公法则不阿亲戚，奉公举贤则不避仇。”吕蒙当之无愧。他精于识人，爱惜英才，从大局出发选拔推荐贤者，即使是自己的仇人也不埋没，显示了超群的远见和宽广的胸怀，因此深得孙权赏识，并被孙权誉为三国时代的“祁奚”。

◎史海撷英

孙权劝学

孙权希望大将吕蒙能够多学些知识，于是对吕蒙说：“你现在当权掌管军中事务，不能不学习！”吕蒙开始不喜欢学习，就以军营中事务烦多为理由推辞。

孙权说：“我不是要你钻研经书成为传授经书的官，只不过希望你能粗略地阅读、了解一下历史罢了。你要说事务多，你的事务有我的多吗？我还要常常读书，自己感到也十分有收获。”

吕蒙听了孙权的话，开始努力学习。等到鲁肃到浔阳与吕蒙交谈后，十分惊讶地说：“以你现在的才干和谋略，你不再是原来吴地的阿蒙了！”吕蒙说：“对于有志气的人，分别了数日之后就应重新看待他的才能，大哥知道这件事太迟了啊！”于是，鲁肃拜见吕蒙的母亲，并与吕蒙结为好友。

◎文苑拾萃

咏史下·吕蒙

宋·陈普

刘葛无成痛古今，白衣摇橹阱何深。

吕蒙公瑾俱无禄，汉室犹关造化心。

阚泽冒死荐陆逊

◎进君子，退小人，爱人才，申公论。——范纯仁

陆逊（183—245），本名陆议，字伯言。吴郡吴县（今江苏苏州）人。三国时期东吴名将，历任东吴大都督、丞相。吴大帝孙权兄孙策之婿，世代为江东大族。于222年率军与入侵东吴的刘备军作战，以火攻大破之。后因卷入立嗣之争，力保太子孙和而屡受孙权责罚，忧愤而死，葬于苏州。至今苏州有地名陆墓。

阚泽和陆逊都是三国时东吴孙权手下的臣子。在刘备为替关羽、张飞报仇而率领大军要灭掉东吴、东吴群臣束手无策的危急时刻，是阚泽冒死推荐年轻的将领陆逊任东吴大都督，用计打败刘备，才挽救了东吴。

221年，刘备正式在成都即皇位，当上了汉昭烈帝，建立了蜀汉（今四川、云南的大部、贵州的全部、陕西、甘肃的一部分）政权。刘备当了皇帝后第一件事，就是要兴兵向东吴报仇。

早先，刘备的结义兄弟、五虎上将之一的关羽镇守荆州，防备东吴。由于他骄傲轻敌，仗着他英武盖世，不把东吴放在眼里，被东吴大将吕蒙白衣渡江，偷袭荆州。关羽败走麦城，最后被东吴部队抓住杀死。

接着，刘备的另一个结义兄弟，也是五虎上将之一的张飞为了急着给哥哥关羽报仇，脾气暴躁，酒后鞭打手下将士，被他帐下的张达、范疆二人暗杀。张、范两人暗杀张飞后提着张飞的脑袋投降了东吴。

因此，刘备把关羽和张飞的仇都记在孙权的账上。他恨透了孙权，发誓要扫平东吴、杀尽“吴狗”，为两个兄弟报仇。

刘备带领赵云、黄忠、关兴、张苞等大将，统率75万军马，御驾亲征，浩浩荡荡杀向东吴。消息传到东吴，孙权紧急召集百官商议对策，百官尽皆失色，面面相觑，不知道该如何办才好。

孙权感到单凭东吴的力量无法抵挡刘备手下75万精锐之师，就派诸葛亮的哥哥诸葛瑾前去见刘备，表示愿意送还降将，惩治杀害关羽、张飞的凶手，再交回从关羽手中夺去的荆州以表求和之意。谁知刘备正在盛怒之下，不但不答应，反而对诸葛瑾说："东吴之仇，不共戴天，要想叫我罢兵，除非我死了。你回去说给孙权，让他洗净脖颈，等待受死。"

诸葛瑾回到东吴，将刘备的话告诉了孙权，孙权非常惊恐，又召集百官商议对策。商议来商议去，实在想不出更好的办法，出于万般无奈，只得忍受耻辱，投降曹丕（即魏文帝，曹操之子，此时曹操已死），上表称臣，以求得曹丕派兵袭击蜀国，以解东吴之围。谁知曹丕虽然接受了东吴投降，还下诏书册封孙权为吴王，但是他并不想真正帮助孙权，还希望刘备、孙权两虎相斗，他可从中渔利。

孙权等来等去，等不到曹丕出兵，而刘备的先头部队已逼进东吴，只得仓惶应战，派大将孙桓、李异、谢旌、朱然等率几万水陆军迎敌。两军交战，东吴军大败，蜀军锐不可当。主将孙桓被围，李异、谢旌被斩，消息传到东吴，江南诸将莫不惊慌。

孙权看看无法，又派老将韩当、周泰、凌统、甘宁、潘璋等统兵10多万人去迎敌。两军再战，东吴军又大败。刘备亲自率领八路蜀军追杀，杀得吴兵尸横遍野，血流成河。这一仗，吴兵损失惨重，名将甘宁阵亡。杀害关羽、张飞的凶手潘璋、马忠、范疆、张达、糜芳、傅士仁等，尽皆被杀，东吴将士闻风丧胆。

形势已万分危急！

孙权召集群臣，再也想不出对策，哀叹道："过去东吴的大事，有周瑜可以担当，周瑜之后有鲁肃，鲁肃之后有吕蒙。现在这些人都已死，难道东吴真的没有人了吗？"

孙权话音未落，阶下有一人出班奏道："启禀主公，我举荐一人，有擎天之才。只要任用他，定可退刘备之兵。”

孙权一看，原来是参军阚泽，刚从外地回来，忙问：“你举荐的是何人？”

阚泽说：“就是现在继吕蒙镇守荆州的陆逊陆伯言。”

“陆逊？”孙权还未反应过来，他心想：陆逊是个年轻人，他能承担得了这么重大的责任吗？

阚泽紧接着说：“陆逊虽是个读书人，人也年轻，但他有雄才大略。依我看，他的才能不在周瑜之下。前次吕蒙之所以能攻破荆州，打败关羽，其实用的是陆逊的计谋。主上如果能用他，定能解除东吴危急，主公也不用担心东吴没人了。”

孙权还未开口，大臣步骘马上表示反对：“不可不可！现在刘备连连得胜，其势锐不可当，大兵压境，要灭东吴，这非同小可。用陆逊这个年轻人会误主公的大事。”

阚泽说：“主公，我对陆逊很了解，他确有排难解困、转危为安的才干。如果任用他，定能打败刘备。如果有差错，我愿与他同罪。”

孙权未表态。对于陆逊，他也有所了解。陆逊确是可用之人，但目前的局势确是非同小可，连韩当、周泰这些屡建战功的老将都抵挡不住，陆逊能行吗？他将眼光转向其他大臣。大臣们纷纷发表反对意见。

程秉说：“臣以为陆逊只是一个书生，不是刘备的对手，恐怕不能用。”顾雍说：“陆逊年轻，没有威望，用他恐怕将领们不服，不服就会发生祸乱，那就误了主公的大事。臣以为不可用。”

赵咨说：“臣以为陆逊的才干只不过能治理小州县，统领小部队罢了。如果把这样重大的责任交给他，那是不合适的。”

阚泽看到大臣们纷纷反对，心中焦急，大叫道：“主公千万不要听这些人的浅见。陆伯言雄才大略、文武兼备，实是当今东吴第一可用之才。如果不用陆伯言，东吴就亡了。我愿以我的性命来保举他。如果有失，愿取我的首级谢罪！”说完，跪在地上不起来。

孙权看到阚泽冒死举荐，便说：“我平时也了解陆伯言是天下奇才，现在形势危急，我的主意已定，望诸位不要多说。”

于是，孙权下令速召陆逊，陆逊星夜赶到建业参拜孙权。

孙权说："现在蜀兵大军压境，我命你统领军马，抵御刘备。"

陆逊拱手说："江东文武大臣，都是主公的故旧之臣。我人还年轻，恐怕难当大任。"

孙权说："阚泽用自己的生命来举荐你，我也深知你的才干。现在我封你做大都督，你不要推辞。"

陆逊说："如果文武百官不服，怎么办？"

孙权拔出身上佩带的宝剑递给他，说："今后如果有人不听号令，你可先斩后奏。"

陆逊说："感谢主公的信任，交给我这么重大的责任，我怎敢不受命。但是希望主公能不能另外选个日子，召集百官，再正式授命给我？"

阚泽道："古代任命大将，预先要修筑拜将坛，然后由君王会集文武百官，亲自登坛拜将，赐予宝剑印绶兵符。这样就能在众人面前树立大将的威信。现在主公也可以遵照这种做法，筑起拜将坛，选择一个日子，由您当着文武百官的面亲自拜将，赐予陆伯言宝剑印绶。这样表明主公任用伯言的决心，众人也就不会不服了。"

孙权听从了阚泽的建议，命令士兵连夜筑好拜将坛，然后定下日子，大会文武百官请陆逊登坛，由孙权亲自拜为大都督兼右护军镇西将军，赐给他宝剑和大都督印绶，命令他掌管六郡八十一州兼荆楚各路军马，并同他约定："京城以内的事务，由我决定；京城以外的事务，由将军决定。"

陆逊拜为大都督后，果然没有辜负阚泽的推荐和孙权的重托，充分施展了他的军事才能。他从容镇定，指挥有方，对敌情的分析透彻入理，很快赢得了韩当、周泰等老将的信任和支持。他先识破刘备的诱敌之计，采取固守不出的策略。待蜀兵懈怠之后，定下火攻之计，一把火将刘备连接几百里的营寨全部烧光。陆逊指挥吴兵乘势追杀，蜀兵大败，死者不计其数。刘备仗着有五虎将赵云的掩护，才保住了性命，逃到了白帝城。此时跟随刘备逃到白帝城的人马，仅剩一百多人。

这一仗，打得刘备损兵折将，大败亏输。蜀军元气大伤，从此再也没有进攻东吴的力量了。

陆逊大获全胜班师回朝。东吴群臣百姓无不交口称赞陆逊不辱使命，少年英雄，称赞阚泽能慧眼识英雄，冒死荐贤才。

◎故事感悟

正是因为阚泽了解陆逊的才能，才宁死保荐他去担当大任。正所谓“尺有所短，寸有所长”，人才能否真正发挥作用，关键在于定位准确，任用得当，否则必定是事与愿违，越帮越忙。

◎史海撷英

关云长败走麦城

219年7月，关羽受刘备取汉中胜利的鼓舞，带兵北上取襄樊。曹操任命于禁为大将，督七军救曹仁，同时命徐晃率军进驻宛城。8月，山洪暴发，于禁等七军被淹，关羽乘机攻击，庞德被杀，于禁投降，只有曹仁坚守樊城。关羽以偏将攻襄阳，自己亲自攻打樊城，并在樊城以北布下阵地，防止曹军援兵；同时又派人向附近的郡县策反，荆州刺史胡修、南乡太守傅方等陆续投降，而许昌以南的部分官吏也暗中策应关羽。

曹操听从司马懿、蒋济等人的意见，与孙权联盟，同时命徐晃率军救援曹仁。孙权故意派陆逊代替吕蒙，麻痹关羽。因为陆逊当时是个名不见经传的小人物，关羽根本没有把他放在眼里，便抽走了荆州的大部分守军。

10月，孙权任命吕蒙为大都督，率军偷袭江陵，孙皎后继。另外又派右护军蒋钦督水军进入沔水（汉水），防止关羽顺流而下。吕蒙到达浔阳（今湖北黄梅西南）后，便将战舰伪装成做生意的商船，兵士们都扮作商人，昼夜兼程。

到了公安后，吕蒙迫使蜀国守将傅士仁投降，接着傅士仁又劝降江陵守将糜芳，并厚待关羽将士的家属，释放了关羽所俘获的魏军将士，抚慰当地百姓。同时，吕蒙又令陆逊进至夷陵（今宜昌境内），以防西面的刘备。

徐晃到达前线后，与曹仁取得联系，使曹仁军队的士气大增。为了离间孙刘，徐晃又令部将将孙权的来信射入关羽营中。关羽见后，开始变得犹豫不决。徐晃乘机大举进攻关羽据点，关羽战败。这时，洪水退去，曹仁引军配合徐晃攻击关羽，文聘等人从水路断了关羽的粮道，关羽被打得节节败退。关羽听说荆州已失，急忙退军，而士兵们得知家属已经获得厚待，顿时士气大降。

关羽两面受敌，急忙从樊城撤兵，驻扎在麦城。吕蒙采取分化瓦解的策略，令关羽的将士无心恋战，逐渐离散。关羽逐渐孤立无援。随后，孙权又派人诱降关羽，并切断了关羽的所有退路，终于在临沮活捉了关羽和其子关平，随即将其处死。

◎文苑拾萃

陆逊赞诗

明·罗贯中

虎帐谈兵按六韬，安排香饵钓鲸鳌。

三分自是多英俊，又显江南陆逊高！

韩愈慧眼识诗才

◎恭贤的人，才是真正尊重知识、尊重人才的人。——格言

韩愈（768—824），字退之，唐河内河阳（今河南孟县）人。自谓郡望昌黎，世称韩昌黎。唐代古文运动的倡导者，宋代苏轼称他“文起八代之衰”，明人推他为唐宋八大家之首，与柳宗元并称“韩柳”，有“文章巨公”和“百代文宗”之名，著有《韩昌黎集》40卷，《外集》10卷，《师说》等等。

唐代著名诗人李贺18岁那年，从家乡来到洛阳。一天午后，他去拜谒德高望重的大文豪韩愈。

韩愈此时正心情烦闷，靠在坐椅上休息。

门开了，仆人走进来说：“门外有一位英俊少年要见您。”

韩愈有些不耐烦，觉得这个青年来得不是时候。

仆人向前走了一步，又说：“那年轻人说，他想求您抽空看一看这诗。”说着，把一本诗稿放在桌子上。

韩愈伸了伸胳膊，然后漫不经心地翻开诗稿瞥了一眼。他看到一首题为《雁门太守行》的诗，第一句是“黑云压城城欲摧”，“啊，好句！语言精辟，意境新奇，气派昂然！”韩愈禁不住赞叹道。第二句是“甲光向日金鳞开”，“多么壮丽辉煌的夜间情景啊！”韩愈顿时精神倍增，吩咐道：“请客人！”

李贺恭恭敬敬地走进来，拜见韩愈。韩愈急忙还礼，仔细打量来访者。“嗯？好像在何处见过？”

韩愈一边让座，一边回忆。突然想起来了，几年前，他和好友皇甫湜曾

经听说李贺7岁能诗，都不相信，亲自相约来到李家。韩愈亲自出题，李贺即席赋诗，举座惊诧……

10年过去了，眼前的李贺已是英俊少年。韩愈拉着李贺的手激动地说："数年不见，你长大成人啦！诗也大有长进！"

由于大文豪韩愈的举荐，李贺很快就闻名于世。

◎故事感悟

想必当时韩愈的心情一定激动无比，因为他见到了一位很有潜质的后辈，所以果断举荐李贺。这就是识才、惜才的精神啊！这种精神值得我们敬佩，而这种精神定将传承下去！

◎史海撷英

韩愈的文学创作理论

韩愈认为，进行文学创作时，"道"是目的和内容，"文"是手段和形式，因此强调文以载道，文道合一，以道为主。他提倡时人学习先秦两汉的古文，并博览庄周、屈原、司马迁、司马相如、扬雄等名家的作品，主张学古还要在继承的基础上有所创新，坚持"词必己出"、"陈言务去"。重视作家的道德修养，提出养气论，"气盛则言之短长与声之高下者皆宜"(《答李翊书》)。同时，韩愈还提出"不平则鸣"的论点。认为，作者对现实的不平情绪是深化作品思想的原因。在作品风格方面，他强调"奇"，以奇诡为善。

◎文苑拾萃

杂　诗

唐·韩愈

古史散左右，诗书置后前。

岂殊蠹书虫，生死文字间。

古道自愚蠢，古言自包缠。

当今固殊古，谁与为欣欢。

独携无言子，共升昆仑颠。

长风飘襟裾，遂起飞高圆。

下视禹九州，一尘集豪端。

遨嬉未云几，下已亿万年。

向者夸夺子，万坟厌其巅。

惜哉抱所见，白黑未及分。

慷慨为悲咤，泪如九河翻。

指摘相告语，虽还今谁亲。

翩然下大荒，被发骑骐麟。

顾况初识白居易

◎惜贤者，爱才也。——格言

顾况（约727—约815），字逋翁，号华阳真逸（一说华阳真隐），晚年自号悲翁。苏州海盐恒山人（今在浙江海宁境内）。唐代诗人、画家、鉴赏家。他一生官位不高，曾任著作郎，因作诗嘲讽得罪权贵，贬饶州司户参军。晚年隐居茅山。

白居易16岁那年，来到首都长安。

一次，白居易拿了自己的诗去见很有名望的诗人顾况。顾况性格高傲，起初很瞧不起这个初出茅庐的少年。当他看到诗卷上的名字“白居易”时，就讥讽地说:“长安居，大不易！”意思是说，“长安米贵，白住很不容易呢！”但他打开诗稿，读到一首《赋得古原草送别》的诗：

离离原上草，
一岁一枯荣。
野火烧不尽，
春风吹又生。
远芳侵古道，
晴翠接荒城。
又送王孙去，
萋萋满别情。

这首诗通过对顽强求生的春草的描写，表达了诗人少年豪迈，对生活中的波折不屈服、不气馁的乐观情绪。前面写枯草在春风的吹拂下欣欣向荣；后面写朋友由聚合而分离，十分切合送别的题意。

顾况阅后大为吃惊，尤其对“野火烧不尽，春风吹又生”两句，反复吟诵，十分赞赏，因而立即改口说：“不错，能写出这样的好诗，在长安住下来是不难了。”

◎故事感悟

顾况对白居易的态度由轻视到赞赏的大转折，正表现了他爱才、惜才的品德。有时候就是这样，对于一个人的看法，会因为他的才能和人格魅力而改变以前的态度。这就要求我们对待人和事，要抱着客观、谦逊的态度。

◎史海撷英

行路难三首（其一）

顾况

君不见担雪塞井空用力，炊砂作饭岂堪食。
一生肝胆向人尽，相识不如不相识。
冬青树上挂凌霄，岁晏花凋树不凋。
凡物各自有根本，种禾终不生豆苗。
行路难，行路难，何处是平道？
中心无事当富贵，今日看君颜色好。

东坡爱才

◎为高居者，当以恭贤、敬贤省之。——格言

苏轼（1037—1101），字子瞻，又字和仲，号“东坡居士”，世人称其为“苏东坡”。眉州（今四川眉山，北宋时为眉山城）人，祖籍栾城。北宋著名文学家、书画家、词人、诗人、美食家，唐宋八大家之一，豪放派词人代表。其诗、词、赋、散文，均成就极高，且善书法绘画，是中国文学艺术史上罕见的全才，也是中国数千年历史上被公认文学艺术造诣最杰出的大家之一。

北宋大才子苏东坡，年轻时就因才华出众而被特别爱才的主考官欧阳修看中提拔。成名以后，也像他的恩师一样特别爱才。凡是有才华的人，一经他发现，都给予提拔重用，甚至还帮助别人成名。

苏东坡在杭州任太守时，疏通运河，治理西湖，疏浚钱塘六井，为杭州人民造福不浅。几项工程完成之日，百姓同声庆贺，苏东坡也很高兴。这天，有人报老友晁美叔来访。晁美叔是欧阳修的门生，同苏东坡有师兄弟之谊，又恰在此时来访，苏东坡非常高兴，就命令当晚在湖滨摆宴，一则庆祝工程完工，二则为师兄弟接风洗尘。

当天晚上，西湖边湖滨苑中，张灯结彩，一派喜庆气氛。宴会厅里高朋满座，热闹非凡。杭州地方官员、绅士云集一堂，还请了一些歌妓来唱歌助兴。苏东坡坐在当中，晁美叔坐在他的旁边。酒菜上齐，太守起身祝酒，音乐声中，众人开宴。

苏东坡和晁美叔已经多年未见了。两人一见面，话题自然转到已过世的

恩师欧阳修身上。两人怀念恩师，无限感慨。

苏东坡说："时间过得真快，想不到恩师已过世多年。想起恩师的栽培，实在感激不尽，当年如不是有欧阳公，就不会有我苏轼的今天。"

晁美叔说："师弟当年才华出众，被恩师慧眼看中，可喜可叹！"

苏东坡说："师兄说哪里话，不敢当，不敢当！"

两人喝了一口酒，晁美叔感叹地说："唉，往事如昨，历历在目。我至今还记得当年欧阳公当主考官，看到师弟应考文章时的情景。他看了你的文章后，连称'异人！异人！'后来他对我说：'苏轼是个不可多得的人才。我读了他的文章，激动得流泪，止不住地高兴啊。我应该推举他，使他出人头地，超过我……'"

往事重提，两人又感叹，又高兴，边喝酒，边吃菜，同时欣赏着歌伎的表演。

这时，只见一个年轻的歌伎走到桌前唱起歌来。她口齿清楚，嗓音甜润。歌声在宴会大厅里飘荡：

泪湿阑干花着露，
愁到眉峰碧聚。
此恨平分取，
更无言语空相觑。
断雨残云无意绪，
寂寞朝朝暮暮。
断魂分付潮回去。

苏东坡听到这里，心中暗暗惊异：这首词写得情真意切，言尽而意不尽，意尽而情不尽，绝不是等闲之辈能写得出的。他叫人把那歌女叫到面前，问道："姑娘，你叫什么名字？"

歌女回答："回太守的话，我叫琼芳。"

“哦，琼芳姑娘，你能告诉我，你刚才那首唱词出自哪位名家之手？”

“这个……”琼芳起初有些支吾，想了想，还是如实相告：“这首词不是什么名家所作，而是毛滂所作。”

“毛滂？谁是毛滂？”苏东坡似乎觉得这名字有些耳熟，但一下又想不起是谁。

琼芳欠了欠身，说：“就是太守手下的法曹毛滂。”

“就是法曹毛滂？”苏东坡大吃一惊。琼芳肯定地点点头。

苏东坡转过身对晁美叔说：“惭愧惭愧，本府僚属中有这样才华出众的词人，我竟然不知道。”

晁美叔说：“师弟手下有如此人才，难得难得，现在发现也不为迟啊。”

苏东坡急忙吩咐手下人：“有请毛滂！”

琼芳连连摆手，说：“启禀大人，毛滂已经走了。”

“什么？毛滂到哪儿去了？”苏东坡不解地问。

“大人，毛滂昨天已经辞官回乡，这是他临行前赠给我的。”

“这是怎么一回事？”苏东坡更是莫名其妙。

原来，毛滂是衢州（今浙江衢州）人，自幼喜欢读书写作。早年科举失意，于是寄情于笔墨，写了不少诗词。虽然很有才华，但一直不得志。三年前，他来到杭州做了一个法曹的小官。法曹仅是个从事司法工作的小吏，完全不能发挥他的才能。苏东坡到任杭州时间也不长，未发现毛滂的才能。毛滂感到怀才不遇，经常借酒浇愁，还寄情于青楼酒肆，因此结识了歌伎琼芳。毛滂写出新词，就拿给琼芳演唱。两人一写一唱，配合得很好，情投意合。

前一天，毛滂找到琼芳说：“我三年法曹任期已满，新来的太守苏轼看来也没有继续任用我的意思，更不用说是提拔了，我只有辞官回家了。”

琼芳劝他别走，可毛滂总觉得在这里怀才不遇，几任太守都不赏识自己，执意要回家另谋出路，寻找能了解自己、任用自己的人。

两人依依不舍，临分手时，毛滂将他刚写好的一首词《惜分飞》送给她，作为临别的赠物。琼芳含着泪收下了，回来以后，她反复地读、唱，很快就记熟了。这就是她刚才在宴会上演唱的那首歌词。

苏东坡听完连声感叹，他对琼芳说：“琼芳姑娘，感谢你，感谢你的歌唱，更感谢你帮助我发现了一个人才。”

第二天，苏东坡立即行文，令公差将毛滂追了回来。

毛滂回来后，苏东坡专门设宴为毛滂接风，在宴会上向毛滂表示歉意，称赞毛滂的才华，并让琼芳再次演唱《惜分飞》。

此后，苏东坡把毛滂提拔到一个重要的职务上。两人经常在一起交谈治理政事的意见，切磋写词的技巧。苏东坡常对毛滂的词作给予指导，还将毛滂介绍给有名的词家和诗人，推荐毛滂参加一些文友的集会，毛滂的文学才华得到进一步的施展，渐渐在文坛上出了名。苏东坡同毛滂也成了词坛挚友。

有一次，毛滂写了一封长信给苏东坡，并附去几篇诗文向苏东坡请教。苏东坡在回信中，对他的诗文给予充分肯定。

苏东坡在《答毛滂书》中写道：“今时为文者至多，可喜者亦众。然求如足下闲暇自得，清美可口者实少也。敬佩厚赐，不敢独餮，当出之知者。”这封信的意思是说，当今写文章的人很多，写得好的也不少。但是要找到像您这样清新、优美、自然而又感人的文章的确少见。非常感谢您赐给我的诗文，我不敢独自一人享用，当要推荐给懂得文章的行家欣赏。

后来，毛滂从一个默默无闻的法曹，一举成为天下闻名的词人。在苏东坡的举荐下，他先后做过武康（今浙江吴兴）县令、嘉禾（今浙江嘉光市）太守，并且深得哲宗皇帝的器重赏识。

人们谈论起毛滂的成名，都少不了要赞扬爱才荐才的大文豪苏东坡。

◎故事感悟

毛滂的才能最终在苏东坡的举荐下发挥出来，苏东坡识才、爱才、荐才的高尚情操十分可贵。作为管理者，也要善于发现人才、重用贤才。只有这样，才能做到资源合理配置，才能让组织更快、更好地发展。

◎史海撷英

针锋相对

苏东坡被贬黄州后，一居数年。一天傍晚，他和好友佛印和尚泛舟长江。正举杯畅饮间，苏东坡忽然用手往江岸一指，笑而不语。佛印顺势望去，只见一条黄狗正在啃骨头，顿有所悟，遂将自己手中题有苏东坡诗句的扇子抛入水中。两人面面相觑，不禁大笑起来。

原来，这是一副哑联。苏东坡的上联是：狗啃河上（和尚）骨。

佛印的下联是：水流东坡尸（东坡诗）。

◎文苑拾萃

江城子

宋·苏轼

十年生死两茫茫，不思量，自难忘。

千里孤坟，无处话凄凉。

纵使相逢应不识，尘满面，鬓如霜。

夜来幽梦忽还乡，小轩窗，正梳妆。

相顾无言，惟有泪千行。

料得年年断肠处，明月夜，短松冈。

辛弃疾斟酒谢岳珂

◎人总有他不懂的事，正是凭着这个，人才能相处一起，相互保持尊重。——格言

辛弃疾（1140—1207），原字坦夫，改字幼安，中年名所居曰稼轩，自号“稼轩居士”。历城（今山东省济南市历城区遥墙镇四风闸村）人。南宋爱国词人，存词600多首，强烈的爱国主义思想和战斗精神是辛词的基本思想内容。他是中国历史上伟大的豪放派词人、爱国者、军事家和政治家。

一天夜晚，天已黑漆漆的了，镇江知府府上张灯结彩，热闹非常，院内不时传出喝彩声。新上任不久的镇江知府辛弃疾正在大宴宾客。

不年不节，不嫁不娶，不升不迁，平白无故的请什么客呢？辛弃疾这个人就有这个嗜好。他为人豪爽，喜欢广交朋友，家里经常高朋满座。

酒喝得正酣，辛弃疾从座位上站了起来，说道：“今日承蒙各位赏光，老夫心里非常高兴。我最近填了一首《永遇乐》，请在座各位欣赏。不过我还有个要求，请各位听完后，像往常一样，得批评批评。”说完，对站在一边拿着竹板的姑娘说：“小红，唱起来。”

小红唱道：

“千古江山，英雄无觅、孙仲谋处。舞榭歌台，风流总被雨打风吹去。斜阳草树，寻常巷陌，人道寄奴曾住。想当年，金戈铁马，气吞万里如虎。

元嘉草草，封狼居胥，赢得仓皇北顾。四十三年，望中犹记，烽火扬州路。可堪回首，佛狸祠下，一片神鸦社鼓。凭谁问，廉颇老矣，尚能饭否？”

词人豪放的情怀，抗敌救国的雄心大志，恢复国土统一大业的深谋远虑

和为国效劳的决心，深深打动了在座每一位宾客的心。他们都太理解这位老英雄的心了。

辛弃疾生活在金人入侵中原，宋室南迁苟安时代。他曾亲眼看见残暴的金兵屠杀中原人民，放火烧毁他们辛勤建设起来的家园，也看到北方各族人民浴血奋战、英勇抗金的斗争。从23岁起义以来，辛弃疾一直积极主张抗金，把恢复中原作为自己一生的抱负，反复向皇帝进言献计，推动抗金斗争。

但是，南宋朝廷腐败无能，偃武修文，就像当时许多主张抗金的志士仁人一样，辛弃疾的正确意见不仅得不到采纳，反而受到压制和打击。

宋宁宗嘉泰三年（1203），64岁的辛弃疾被任命为绍兴知府，兼浙东安抚使。起用他的是执掌大权的韩胄。当时蒙古已经崛起在金政权的后方，金朝统治日益衰败，引起了内乱。

韩胄想借抗金提高自己的声望。他起用了一些主张抗金的志士，准备北伐，辛弃疾就是被起用的一个。

辛弃疾以为报效祖国的时候到了，被长久压抑的热情一下子迸发出来。他一边操练兵士，为北伐金兵作准备；一边挥毫填词，抒发壮志未酬的英雄情怀。

一阵宁静之后，客人们仿佛突然醒悟过来，齐声叫好。辛弃疾也非常高兴，连连向大家称谢。忽然他话锋一转，说道："各位朋友，不要只是夸赞，还是请大家提提不足之处吧！"

"岂敢！岂敢！"大家互相推辞着。

"兵不厌诈，诗不厌改。各位不要客气，今天我是真心诚意想听意见，你们这样糊弄我，老夫可不依。"他边说边走到一位年轻客人面前。

这个年轻人叫岳珂，是抗金英雄岳飞的孙子。

辛弃疾拉他起来，说："别人不说，你可要说，我最想听听年轻人的看法呢。"

岳珂站起来，直率地说："大人词雄千古，自成一家，晚生不敢妄议。不过，我以为您这首词中用典有些嫌多，像'千古江山，英雄无觅，孙仲谋处'用的是三国吴帝孙权；'人道寄奴曾住'，用的是南朝宋武帝刘裕驰骋中原、气吞胡虏；'佛狸祠下，一片神鸦社鼓'用的是北魏太武帝拓跋焘；最后用战国时赵国大将廉颇的事收尾。这样频繁地用典，当然可以使词更加凝练，有很强的说服力和感染力。但如果不熟悉历史的人读您这首词，怎么能读得懂呢？"岳珂年轻气盛，说得满脸通红。

辛弃疾听了这言辞激烈的批评不但没有生气，反而非常高兴。他连声说道："好眼力，好眼力，你一语切中我的毛病，老夫就是好用典，还被人说成'掉书袋'呢。"

辛弃疾走到桌前，举起酒壶，满满地斟了一杯酒，送到岳珂手中，说："来，老夫敬你一杯酒，以示感谢之情。"

岳珂接过这杯酒，一饮而尽。

◎故事感悟

这就是辛弃疾的豪爽，也是辛弃疾的谦虚，更是辛弃疾的敬贤、爱才之所在！我们也该如此，诚恳地听取别人的忠告和建议。当然，我们也要多发现别人的贤能之处，给予赞美和鼓励。

◎史海撷英

辛弃疾取号稼轩

1180年，41岁的辛弃疾任隆兴（南昌）知府兼江西安抚使，打算在上饶建一座园林式庄园，安置自己的家人。

1181年春，辛弃疾来到上饶，开始兴建带湖新居和庄园。他根据带湖四周地形地势，亲自设计了"高处建舍，低处辟田"的庄园格局，并对家人说："人生在勤，当以力田为先。"为此，他将带湖庄园取名为"稼轩"，并以此自号"稼轩居士"。

◎文苑拾萃

西江月·夜行黄沙道

南宋·辛弃疾

明月别枝惊鹊，清风半夜鸣蝉。
稻花香里说丰年，听取蛙声一片。
七八个星天外，两三点雨山前。
旧时茅店社林边，路转溪桥忽见。

不忽木屈己让相

◎人既尽其才，则百事俱举；百事举矣，则富强不足谋也。——孙中山

不忽木（1255—1300），一名时用，字用臣，自号静得，康里人。幼年就读于国子学，至元十四年（1277），任利用少监。十五年（1278）任燕南河北道提刑按察副使。二十二年（1285）擢为吏部尚书。二十三年，改任工部尚书，九月，转刑部尚书。二十八年（1291）五月，为中书平章政事。成宗元贞二年（1296），复拜该职。大德二年（1298），特命为行御史中丞。三年兼领侍仪司事。

元世祖忽必烈小时候，有一个好朋友叫不忽木。不忽木自幼喜欢读书，而且记性很好，知识丰富。忽必烈的父亲拖雷就把他找来，让他做伴读，陪着忽必烈一起读书。不忽木利用这个好机会读了许多书籍，懂得了不少治国安民之道。

忽必烈登上皇位后，想让不忽木做丞相，帮助自己巩固天下。这不仅因为不忽木是自己小时候的朋友，而且他们都长大之后，不忽木经常在忽必烈身边出谋划策，南征北战。因此他就对不忽木说："不忽木，我打算任命你为丞相，怎么样？"

"陛下，臣不敢领命。臣深知自己的韬略不足以辅佐陛下，还是任用比我更强的人为好。"

"知臣莫如君，何况我们从小在一起，我对你十分了解，你的文韬武略，完全能担当得起丞相的重任，不必推辞。"

"陛下，最了解我的能力的，还是我自己。我不是谦让，实在是怕耽误了

陛下的大事。让我任丞相一职，绝不敢从命。”

不忽木再三推辞，忽必烈也不好勉强，就另选了丞相，而任命不忽木为尚书。后来每当丞相出现空缺的时候，或对现任丞相感到不满的时候，都要请不忽木出任丞相，但是一次次都被他坚决推辞掉了。

至元二十八年（1291年）春天，忽必烈平定诸王叛乱，班师回朝。侍御史彻里陪同忽必烈打猎，利用休息时间，向他揭发现任丞相桑格的罪行。他说：“陛下近几年常年率师出征在外，一切内政都由桑格处理。他横征暴敛，中饱私囊，卖官鬻爵，安插亲信，群臣敢怒而不敢言。这种人不杀不足以平民愤。”

忽必烈不仅不信，还认为彻里有意诋毁丞相，命卫士把他打得昏死在地。彻里苏醒过来时，仍坚持说：“陛下，臣下只是为了陛下的江山，才冒死进谏。我与桑格无冤无仇，为什么要诬陷他？请陛下明察，臣若有一句虚言，死而无怨。还请陛下问一问不忽木，他在朝中深乎众望。”

不忽木应召来到宫中，忽必烈向他问道：“你说彻里这人怎样？”

“他为人耿直，敢犯颜进谏。”

“你说桑格怎样？”

“桑格专门在陛下面前阿谀奉承。陛下远征时，他把持朝政，飞扬跋扈。”接着，他历数了桑格的种种罪行，比彻里参奏的还要多。最后又补充说：“对一般人，能原谅就要原谅。但对十恶不赦的人，绝不能宽容！”

忽必烈于是下令查办桑格，群臣纷纷上疏弹劾，接着又查抄他的家产。结果，从桑格家中抄出的珍宝几乎和国库一样多。

桑格在事实和赃物面前无法抵赖，被斩首示众。

桑格一死，相位空缺，忽必烈就首先想到不忽木，打算让他担任丞相一职，就派人召他进宫商量，说：“从前我误用了桑格，险些坏了国家的大事，现在只有任用贤能之士来弥补我的过失，重整朝纲。”

“陛下所想极是！”

“我看你来担任丞相，最为合适。”

“我现在担任尚书，已感到力不从心。”

“你太谦虚了。在朝中你威望最高，丞相一职，非你莫属。”

"陛下，还是从比我能力更强的人中挑选吧。"

忽必烈沉吟了半晌，问道："依你看谁最合适？"

不忽木答道："太子詹事完泽最合适。他曾在阿合马家住过，抄没阿合马家时，抄出一本送礼人名录，那上面唯独没有完泽的名字，可见他的品格。"

忽必烈非常赞赏不忽木的高尚情操，就任命完泽为尚书右丞相，不忽木为平章政事。

◎故事感悟

丞相是一人之下、万人之上的职位，但以谦虚礼让为本的人却可以放弃它，这正是不忽木高于常人之处。这份胸襟，这份敬贤的情操，值得敬仰！

◎史海撷英

不忽木廉正守职

不忽木曾任提刑按察使、刑部尚书等职。他在位期间，秉公断案，廉洁守职。

至元十五年（1278），不忽木任燕南河北道提刑按察副使。有一天，忽必烈派通事脱虎脱护送西僧往作佛事。过真定时，该僧毫无理由地将驿吏打得奄奄一息。当时，喇嘛教的势力非常强大，因而西僧们也往往横行不讲理，该僧又是忽必烈所遣，所以状子告到按察使那里，按察使就不敢受理了。

然而，不忽木毅然受理了此案，并将该恶僧下狱。脱虎脱坚持要释放该僧，不忽木却下令摘掉他的冠帽，严厉地训斥了他。脱虎脱逃回京城，告到忽必烈那里。忽必烈正色地说："不忽木素来刚正不阿，必定是你们犯了法！"表现了对不忽木的充分信任。

◎文苑拾萃

混江龙

元·不忽木

布袍宽袖，乐然何处谒王侯。
但樽中有酒，身外无愁。
数着残棋江月晓，一声长啸海门秋。
山间深住，林下隐居，清泉濯足，强如闲事萦心。
淡生涯一味谁参透，草衣木食，胜如肥马轻裘。

俞樾为无名小卒作序

◎关爱人才和贤能者，善于挖掘他们的优点，使之更好发展。——格言

俞樾（1821—1907），字荫甫，号曲园。浙江德清人。晚清著名文学家、教育家、书法家，国学大师。俞平伯曾祖，国学大师章太炎的老师。此人是反对中医第一人。一生孜孜不倦致力教育，辛勤笔耕，著有五百卷学术巨著《春在堂全集》。

清朝末年，我国教育界曾广泛流传过俞樾为孙诒让作序的佳话。

当时，年逾七旬的俞樾已是著名学者，而比俞樾小27岁的孙诒让在学术上却还是个无名小卒，但孙诒让在自己的处女作《札迻》的自序中，评论俞樾的口气却很大，说他的论著一般，并且有不少错误，仅把他置于“其余诸家”之列。

著名学者俞樾看到《札迻》的自序时，不但没有感到恼火，反面为孙诒让敢于评论自己的缺点、弱点的精神所感动，欣然为孙诒让的著作写下了一篇热情洋溢的序言，作了较高的评价，还提出一些中肯的建议，热情帮助、鼓励他超过自己。

◎故事感悟

俞樾的宽容大度值得敬佩，对于敢于进行批评的人采用鼓励的办法，可见其德操之高尚，惜贤之真诚。同样，对于一些中肯的意见，我们也要持客观态度去听取；而对于有能力的贤能人士，我们也要恭之、敬之。

◎史海撷英

俞樾修改《三侠五义》

俞樾在通俗小说方面曾经作出过重要的贡献，其中最突出的贡献，是修改了著名小说《三侠五义》，从而令这部小说得以广泛流传。

1956年1月，赵景深先生在《三侠五义》前言中称:《三侠五义》原名《忠烈侠义传》，出现在光绪五年(1879)。1889年，俞樾初见此书，认为第一回中的狸猫换太子“殊涉不经”，便参考了《宋史》和《默记》等加以删改；他还认为，书中所叙述的不只三侠，“南侠、北侠、丁氏双侠、小侠艾虎，则已得五侠矣。而黑妖狐智化者，小侠之师也；小诸葛沈仲元者，第一百回中盛称其从游戏中生出侠义来。然则此两人非侠而何？即将柳青、陆彬、鲁英等人概置不数，而已得七侠矣”。于是改名为《七侠五义》，与《三侠五义》并行流传。这里反映了俞樾关于小说的学术观，可供历史小说创作参考。

◎文苑拾萃

一剪梅

清·俞樾

记得春游逐管弦。红版桥边，白版门前。
闲花野草为谁妍？蜂也喧喧，蝶也翩翩。
风月何曾负少年？花底歌筵，柳外吟鞭。
而今回首总凄然，旧事如烟，旧梦如仙。

慧眼识鲁迅的“伯乐”

◎一年之计，莫如树谷；十年之计，莫如树木；终身之计，莫如树人。——管仲

恽铁樵（1878—1935），中国医学家。名树钰，别号冷风、焦木、黄山。江苏省武进县孟河人。早年从事编译工作，后弃文业医。从事内、儿科，对儿科尤为擅长，创办“铁樵中医函授学校”，致力于理论、临床研究和人才培养。著有《群经见智录》等24部著作，有独特新见。竭力主张西为中用，对中医学术的发展有一定影响。

1913年4月，上海出版的《小说月报》第四卷第一号上发表了署名“周遵”的一篇小说《怀旧》，这就是鲁迅创作的第一篇小说。当时《小说月报》的主编就是恽铁樵。

恽铁樵虽然和鲁迅并无一面之缘，但看到这位并不知名的“周遵”的才华，就热情复信，大胆把文章编排在“卷首”突出的位置，并且加了评语，向社会推荐这篇小说及其作者。

恽铁樵赞赏鲁迅的第一篇小说不是偶然的。鲁迅的《怀旧》，符合他爱好写实主义和“雅洁”的文学主张与标准，鲁迅的才华使他看到这是一颗新星，于是，就满腔热情给以鼓励和培植。

◎故事感悟

这就是“伯乐识千里马”最好的例证之一。正因为恽铁樵慧眼识英，才有后来的“民族脊梁”，才有鲁迅一篇篇震撼人心的精辟文章。这不仅仅是“英雄之间”的惺惺相惜，更是一种责任——一种挖掘人才，使所在事业不断注入新鲜血液，为事业带来生机的责任心！

◎史海撷英

《伤寒论研究》

《伤寒论研究》共四卷。1924年由恽铁樵编撰。恽铁樵以中西会通的观点，阐释伤寒六经、伤寒提纲、伤寒以及其他一些病症的用药、伤寒病型与传经及治法等多方面内容。

陈少微荐能让位

◎国家用人，当以德为本，才艺为末。——康熙

陈明（1902—1941），原名若星，字少微。福建龙岩人。1925年春入上海大学社会系，接触了共产党人邓中夏、瞿秋白、张太雷等，不久转为中国共产党党员。1926年，受党组织派遣，到广州参加北伐军，在东路总指挥部政治部负责宣传工作，并兼任情报股股长。北伐军占领福州后，任国民党福建省党部宣传部长兼福建评论社社长和《国民日报》主编。1938年10月，调八路军一一五师政治部任宣传部长。1940年7月，出席山东省各界联合大会，当选为山东省临时参议会参议员、省战时工作推行委员会副主任兼秘书长。曾撰写《抗日民主政府》一文。

1927年12月4日，年仅25岁的陈明主持召开闽南、闽北特委和各县负责人联席会议，并在会上作政治报告。在这次会上，陈明当选为首任中共福建临时省委书记。

1928年春，中共福建临时省委在厦门召开第二次执委会，陈明主动提出，应该让比他小两岁的罗明担任省委书记。大家感到十分奇怪，一个有资历、有学问、有魄力的省委书记，为什么要让位？陈明看出大家的疑问，便微笑着解释道："我出生于龙岩乡村，以教书为掩护从事革命，'四一二'反革命政变后，一度离开福建潜往武汉，对全省工农运动情况不太熟悉。罗明同志虽是广东人，但他长期在闽南、闽西奔波，对全省情况了如指掌，经验也丰富，由他来担任省委书记较合适。"

罗明听罢，急忙摇手："由陈明同志任省委书记，这是党中央同意的，陈明同志也能胜任。"

“不！”陈明站起来，严肃认真地说，“我们要从工作实际出发，从大局出发。我担任过龙岩《岩声》月刊主笔，主编过厦门《江声报》，我毛遂自荐任省委宣传部长，还是让罗明同志任省委书记吧。”

后经省委讨论通过，呈报中央批准，罗明任中共福建省委书记。

◎故事感悟

陈明以革命大业为重，不计较个人名誉地位、尊贤荐能的崇高品德，使我们深受教育。我们在工作和学习中也是一样，首先要以宽广的胸怀看待有才能的人，其次要懂得“能者居上”的道理，使每一个人都能发挥出最大的才能。

◎史海撷英

“四一二”反革命政变

1927年4月12日，蒋介石在上海发动对共产党人的血腥屠杀，这就是历史上著名的“四一二”反革命政变。

1927年4月12日凌晨，停泊在上海高昌庙的军舰上空升起了信号，早已作好准备的青红帮流氓打手，臂缠白布黑“工”字袖标冒充工人，从租界内分头冲出，向上海市闸北、南市、沪西、吴淞、浦东等14个工人据点的纠察队发起袭击。工人纠察队奋起抵抗，双方发生激战。

正在这时，国民革命军第二十六军（蒋介石收编的孙传芳旧部）开来，以调解“工人内讧”为名，收缴工人纠察队武装，1700多支枪被缴，300多名纠察队员被打死打伤。事件发生后，上海工人和各界群众举行总罢工和示威游行抗议反动派的血腥暴行。

徐悲鸿敬贤

◎只有天才的人才能发现天才的幼芽，发展这些幼芽，并善意地给予他们以必要的援助。——格言

徐悲鸿（1895—1953），原名寿康，江苏宜兴屺亭镇人，中国美术家、美术教育家，擅长画马。他是中国现代美术的奠基者。

1929年的一天，徐悲鸿应几位朋友邀请，去参观在京举办的一个中国画展览。

宽敞的大厅里，一幅幅装裱精致的画令人眼花缭乱。徐悲鸿看了一会儿，感到很不痛快。这是由于不少作画者墨守成规、闭门造车，致使画面陈旧、毫无新意。

正思忖着，忽然一幅挂在角落里的画引起了他的注意。他仔细端详品味着画面上的几对虾子。只见它们体若透明，摇须晃尾，生动逼真，笔法娴熟。这位曾经观赏过世界许多艺术珍品的画坛巨星，以他那善识人才的慧眼，发现了一位出类拔萃的人才。想到这里，徐悲鸿暗自点了点头，随即叹了一口气。

友人见状，就说："徐先生，这齐白石是个60岁的老头，听说他以前是个木匠，画得是不怎么样！"

"不，我是为这个怀才不遇的人感到惋惜，真没想到在这角落里还藏着一位杰出的国画大师啊！"

"哈哈，您真会开玩笑，把一个性格怪僻、土里土气的乡巴佬当大师！"友人大笑道。

徐先生脸色严肃起来："我不是在开玩笑，我不仅要去拜访他，而且还要聘请他当教授，这样的人才不重用，实在可惜。"

"什么，请齐白石当教授？"友人望着离去的徐先生感到不可思议。

徐先生拜访齐白石回来，兴奋地对人说："齐白石真是一个难得的人才，我不能眼看着他老死槽枥，我要尽一切力量帮助他。"

几天后，徐先生果真聘请齐白石任北平大学艺术学院（徐悲鸿任该院院长）教授，并亲自乘车接齐白石到校上课。一年后，由徐悲鸿亲自编集作序的《齐白石画集》问世了，它似一阵春雷，震撼着当时保守势力垄断的中国画坛。

◎故事感悟

虽然年龄相差悬殊，艺术风格也不相同，但作为后生晚辈的徐悲鸿却始终对齐白石尊崇有加、关爱备至。他们之间那种至真至纯、情同父子的亲密交往被艺术界传为佳话。这就是恭贤、惜贤的最佳典范！

◎史海撷英

以《义勇军进行曲》作为国歌的建议

新中国成立后，国家开始在全国征集有关国旗、国徽及国歌的建议。在教学工作之外，徐悲鸿积极参加制定国旗、国徽、国歌等工作。其中，国歌的投稿数以千计，但没有一篇尽如人意。在毛泽东召开的讨论会上，徐悲鸿提出以《义勇军进行曲》代国歌的建议。这个建议立即得到周恩来等人的大力支持。接着，大家又纷纷发言表示赞成，并在第一次中国人民政治协商会议上正式通过。此后，《义勇军进行曲》便成为中华人民共和国国歌。

邱金声尊贤

◎人才那得如金铜，长在泥沙不速朽。愿公爱士如爱尊，毋使埋渣嗟不偶。——袁枚

邱金声（1912—1939），福建龙岩人。1927年在家乡参加邓子恢组织的秘密农会，1930年参加中国工农红军，1931年加入中国共产党。在红军第十二军历任战士、班长、排长、连长、营长、团长。1934年10月中央红军长征后，留在闽西坚持游击战争。邱金声在长期征战中曾7次负重伤，1939年2月26日因积劳成疾在皖南太平县逝世，时年27岁。

邱金声是威震闽西的虎将，1935年4月当选闽西南军政委员会委员，担任闽西南第三作战分区司令员，领导中国工农红军独立第八团及（龙）岩南（靖）漳（平）游击队开展灵活机动的游击战争，屡建奇功。

1936年10月，邱金声调任第二纵队副司令员，代理司令员为简载文。简载文虽是个老同志，但在指挥作战、组织能力以及战绩方面，都不如邱金声。邱金声对领导职务高低毫不介意，对司令员简载文十分尊重，甘当其助手，鼎力协助工作。

一位老连长觉得不公平，为邱副司令打抱不平。邱金声知道后，专门找这位连长谈话，说道："我们参加革命，为的是打倒国民党反动派，为的是实现共产主义的理想，不是为了当官。今天我领导你，明天你也可能成为我的领导。要服从组织的决定，不应计较地位高低，更不要随便散布不满情绪，以免影响团结。"

老连长听了邱金声的一席话，为他一心为革命的高尚品德所感动，表示今后也要像他那样去做。

◎故事感悟

邱金声的这种举动，正是中国共产党所倡导的敬老尊贤、不搞特殊化等优良作风和传统的具体体现。我们要将这种传统美德继承并发扬下去，使之生生不息。

◎史海撷英

邱金声挺进江南

1938年1月，闽西南红军游击队编为新四军第二支队，邱金声任第三团副团长，与团长黄火星一起率部开赴皖南抗日前线，以游击战术积极主动地打击敌人。在挺进江南的一年多时间中，邱金声带领第三团进行大小战斗百余次，毙伤日伪军3000余人。

ZHONGHUACHUANTONGMEIDEBAIZIJING

中华传统美德百字经

恭·恭贤敬长

第三篇

知老·敬老·爱老

杜环敬老

◎老吾老以及人之老。——孟子

杜环（生卒年不详），字叔循。祖先是庐陵人，随侍父亲杜一元远游到江东做官，于是就在金陵定居。杜环特别好学，专精书法；个性谨慎而又有节制，很守信用，喜欢救助别人的急难。后来担任晋王府的录事。

明朝时期有个名叫杜环的人，他为人善良敦厚，又博学多才，深受朱元璋的赏识。

杜环的父亲杜一元有位朋友，是兵部主事常允恭。常允恭死后，家境衰败，常允恭的母亲张氏已经60多岁了，想起去世的大儿子和失散多年的小儿子伯章，哀伤自己无人奉养，经常痛哭。

有认识常允恭的人，可怜张氏年老，告诉她说："现在的安庆太守谭敬先，不是常允恭的朋友吗？为什么不去投奔他呢？他念及与常允恭的交情，一定不会丢开您老人家不管的。"

老夫人听从这个人的指点，坐船来到安庆。可是世态炎凉，谭敬先竟婉言谢绝，不肯接纳她。

老夫人处境非常窘迫，想到常允恭曾经在金陵做过官，或许还有亲朋好友，也许能有点希望。于是她跟随别人到了金陵，却连一个熟人都没有找到。

老夫人没有办法，只好打听杜一元的家在什么地方，她想，杜一元或许还健在吧？一个老道人回答她说："杜一元已经死了很久，只有他的儿子杜环还在。他的家位于鹭州坊中，门口有两棵枯树可以辨认。"

张氏穿着破旧的衣服，冒雨来到杜环家。此时杜环正陪着客人，见到常母这副样子非常惊讶，又好像曾经见过她的面，因此试着问道："您不是常老夫人吗？为什么落到这种地步？"

常母把自己的遭遇哭着告诉他，杜环也流下了眼泪，连忙扶着老人坐下，对老夫人行了晚辈之礼，又呼唤妻子和孩子出来行礼。

杜环的妻子马氏换下常母的湿衣服，又拿出自己的衣服给常母穿，捧出粥让常母吃，抱来被子让常母盖。

常母打听起平素较为亲近的、情谊深厚的老朋友和她的小儿子常伯章的下落。杜环知道这些老朋友都已辞世，不能托付；又不知道常伯章的死活，只好婉转地安慰常母说："天正下雨，等雨停了，我再替您打听一下他们的近况。假若没有人侍奉您，我家即使再贫穷，也会奉养您。我父亲和常老伯亲如兄弟，现在您老人家贫困窘迫，不到别人家去，投奔到我们家来，这也是两位老人在天之灵把您引导来的啊！希望您不要有其他的想法了。"

当时正值战后，一般人家亲生骨肉之间都不能保全。常母见杜环家也不富足，雨停后坚持要走，寻找其他朋友。杜环只好派了一个仆人陪着她同行。到了天黑，常母果然没有遇到熟人，只好返回，安心住下来。

杜环一家人，都像对待母亲一样侍奉老人。常母性情急躁，稍有不满就生气，甚至还要骂人。杜环私下告诫家里人，要顺从她的心愿，不要因为她处境艰难就轻视她、怠慢她，不要跟她计较。常母患老年疾病，杜环亲自替她煎药，送勺匙、筷子。因为常母怕吵，杜环还嘱咐一家人都不要大声说话。

过了10年，杜环做了太常寺的赞礼郎，奉皇帝诏令，到会稽举行祭祀。返回时，路过嘉兴，正遇上张氏的小儿子常伯章，杜环悲伤地告诉他说："您的母亲住在我家，日夜想念您，都想病了，您早点去见见她吧！"

常伯章却说："我也知道这情况，只是因道远不能去。"

杜环回到家，又过了半年，常伯章才来。

这一天，正是杜环的生日。常母看到自己的小儿子，母子互相搀扶着放声大哭，杜环家里的人认为这样做不吉利，要制止他们。杜环说："这是人之常情啊！有什么不吉利的呢？"

过了些日子，常伯章看到母亲年老，怕拖累自己，竟然谎称要办其他事情，辞别而去，再也没有回来看望母亲。

杜环侍奉常母更加谨慎小心。然而，常母思念儿子，病情越来越重，过了三年就去世了。杜环备办了棺材，隆重地安葬了她，每年还按时节去墓前祭祀。

◎故事感悟

敬老爱老是中华民族的传统美德，是做人最起码的素养。要学会感恩、忠诚，首先必须做到有孝心、有爱心。试想，一个不敬老爱老的人，一个对生你、养你的父母不尽孝道的人，又怎么能够期望他与别人同心同德、通力合作?

老舍心底“真正的教师”

◎父亲是孩子们的第一任教师。——格言

老舍（1899—1966），原名舒庆春，字舍予。满族正红旗人，北京人。父亲是一名满族的护军，阵亡在八国联军攻打北京城的战斗中。老舍是他在小说《老张的哲学》中使用的笔名。他的笔名还有絜青、絜予、非我、鸿来等。中国现代小说家、戏剧家、著名作家，曾任小学校长、中学教员、大学教授。

老舍是中国五四时期以来的进步作家，其作品擅长表现城市下层人民的生活，尤其是描写北京城市贫民的生活，表现中华儿女在各个历史时期的命运。在他那一幅幅反映旧社会北京贫民悲惨生活的画卷中，饱含着作家苦难童年的经历，饱含着他对自己心底“真正的教师”——含辛茹苦的母亲无限的崇敬和深沉的爱。

老舍出生在北京一个满族贫民的家里，一岁半时，八国联军进犯北京，当旗兵的父亲在与敌人巷战中战死。在这场民族的劫难中，老舍也险些丧命于侵略者的刺刀下。

父亲死后，官府每月只发给他家一两五钱饷银，远远不够维持四口之家的生活。刚强的母亲咬紧牙关，拼命地给人家浆洗缝补衣裳，默默地挑起了抚养孩子的重担。

正是在这种生活中，老舍从小就学到了母亲勤劳、要强、办事认真、对人宽厚的美德，这些美德也成为他战胜困难、积极生活、积极做人、受益终生的宝贵财富。

小的时候，老舍看到母亲和三姐做活很辛苦，有时连饭都吃不上，就帮着打下手，递烙铁、看火，送热水和凉水，他为自己能帮母亲减轻一分劳累而高兴。这使他从小就养成勤劳的好习惯。

老舍爱清洁、爱整齐的好习惯，也是从母亲那里学来的。小时候，母亲浇花，他就帮取水；母亲扫地，他就帮撮土。直到成年和晚年，老舍一直坚持自己动手收拾屋子，取水浇花。他写的稿子也总是清清楚楚，整整齐齐。

母亲会为婴儿洗澡，给孩子剃头。凡是她能做的，无论再忙也总是有求必应。谁家有事要帮忙，她总是跑在前头。老舍从母亲那里学来了这些美好品格，待人热情、诚挚，乐于助人，成名后对青年人尤其关心，总是求访必见，有函必复。

老舍的一家，祖祖辈辈都是文盲，哥哥姐姐也没念过书。老舍七岁那年，要强的母亲省吃俭用，把老舍送进了私塾，而后又上了小学。

老舍深知母亲挣钱供自己念书不容易，上学非常刻苦勤奋。学校里有些纨绔子弟，看不起像他这样的穷学生。老舍就像母亲一样，不顾他人的白眼和冷视，有眼泪往肚子里咽，咬紧牙，发奋苦读，从来不在衣着饮食上有什么要求。大姐给他做了一双新布袜子，他舍不得穿，总是穿着那双满是补丁的旧袜子。中午放学回家，碰上家里没饭吃，扭头就回校，饿着肚子上课。正像宋濂一样，不在乎“口体之奉不若人也”，把学习看成最大的乐趣。老舍把书本当做自己的乐园，他偏爱文学，能背诵许多古文和诗词，擅于作文和演说，在同学中学习成绩拔尖。

小学毕业后，老舍考入北京市第三中学，只上了半年学，他又偷偷地报考了北京师范学校。因为老舍想，师范学校的一切费用，包括制服、饮食、书籍，都由学校供给，可以减轻母亲的负担。考入师范学校之后，他才高兴地把消息告诉母亲。

1918年，19岁的老舍以优异的成绩在师范毕业了，被派往方家胡同小学当校长。老舍怀着深情对母亲说：“以后，您老可以歇歇了。”母亲看到儿子已长大成人，多少年的酸甜苦辣一时涌上心头，不禁满面热泪。

老舍的母亲一直活到83岁，1941年病故。老舍满怀深情地回忆说：“从私塾到小学、直到中学，我经历过起码百位教师吧，其中有给我很大影响的，也有毫无影响的，但是我的真正的教师，把性格传给我的，是我的母亲。母亲并不识字，她给我的是生命的教育。”充分抒发了对母亲的养育之恩、人格的培养和教育的无限感激，对母亲无比真挚的敬仰和深沉的思恋之情。

老舍没有辜负母亲当佣工供自己上学的辛勤抚育，没有辜负母亲对自己身体力行的教育，把母亲视为自己“真正的教师”，一生为像母亲一样受苦受累的人民大众发奋写作。其中长篇小说《骆驼祥子》，是其创作上的一大高峰，也是我国现代文学史上少有的名著。新中国成立以后十几年间，他先后发表、出版的戏剧、曲艺、论文等作品，总数约300万字，每年为人民贡献近20万字的精神食粮。话剧《茶馆》，长篇小说《四世同堂》，是他终生艺术创作的结晶，也是人民的宝贵财富。老舍终生以母亲的品格美德砥砺自己，把母亲看做自己真正的教师，成为蜚声中外的著名作家。

◎故事感悟

一位普通妇女为中华民族养育了一位伟大的作家，给他以“生命的教育”，使他在性格、习惯、为人处世等各方面都得到一种可贵的、积淀了中华民族几千年优良传统的美德。这是值得我们敬佩的。老舍也以自己的方式报答母亲的养育之恩。这就是知老、敬老的最好体现。

◎史海撷英

老舍坚决抗战

1937年，七七卢沟桥事变爆发。战争的炮声让老舍无法安心埋头创作。8月1日，老舍接到齐鲁大学文学院的聘书后，全家搬到齐鲁大学校内（现在的常柏路11号）。11月15日，日寇炸毁黄河铁桥，济南危在旦夕。老舍坚决不做汉奸，积极支援抗战，并毅然地提起自己的小衣箱，告别妻儿，投入向武汉抗日救国的洪流当中去。

1938年，“中华全国文艺界抗敌协会”成立，老舍担任该协会的负责人。之后，老舍又辗转来到重庆，在艰难困苦中环境中顽强地坚持了七年，直到抗日战争取得彻底的胜利。

朱伯儒关爱老人

◎敬老尊贤，应该应该！——毛泽东

朱伯儒（1937—），1955年入伍，曾当过空军通信员、管理员、施工队长、股长、油库副主任。1983年从油库副主任被提升为武空后勤部副部长，随后进入空军指挥学院、国防大学学习深造。1986年被提升为成空政治部副主任（副军职），1988年被授予少将军衔，1993年初调任广空副政委（正军职），一直到退休。

朱伯儒同志曾任空军某部油料仓库副主任。他助人为乐，为群众排忧解难，群众都高兴地称他为“新时期的活雷锋”。

朱伯儒原来是一名空军飞行员，1970年秋被调到豫西某山区，在一个临时指挥部当参谋。山区群众的贫困状况，他看后十分难过。

一天，朱伯儒见到疾病缠身的五保户刘永生老汉在那里呻吟，心里像针扎一样疼痛。朱伯儒急忙跑回工地，请来军医给老人治病。他像对待自己的亲人一样，关心老人的病情，并经常送来药物、点心和零花钱。老汉感动地说：“朱参谋，你的心真好！”朱伯儒和爱人孩子分别后的第一个春节来到了，他没有回家，却带上从食堂买来的烧鸡香肠，登门给老汉拜年。他还给老汉煮饺子，和老汉边吃边谈。

朱伯儒随时随地不忘为人民做好事。有一次，他从豫西某工地到南阳去，同路有一个到部队探亲回家的老人王明春突然晕倒了。朱伯儒见此情景，当即把老人送进医院。经检查，是胃出血，病人需要输血，朱伯儒毫不犹豫地挽起袖子说：“我是O型，就从我身上抽吧！”医生惊疑地问：“你是他什么人？”“是他亲人！”医生化验了朱伯儒的血型后，同意输血。这位优秀共产党员的鲜血，流进了萍水相逢的老人血管里。

抽完血后，医生对朱伯儒说：“你赶快去搞点红糖水喝，好好休息一下。”可朱伯儒仍然守护在老人身边，给老人洗脸、擦身、端水、喂药，还一趟一趟地往街上跑，给老人买来可口的食物。老人感到很过意不去，朱伯儒恳切地说：“老人家，不要见外，战争年代，如果我们生病受伤，您见了还能不管么？！”

三天后，老人胃出血止住了，硬要出院。朱伯儒替他付清了药费，还亲自把老人送回家。他爱人知道后问：“你在外边献了血，怎么回家都不吭一声？”朱伯儒说：“有什么好讲的，打仗还得为老百姓献命呢！”

◎故事感悟

随着时间的流逝，雷锋已经离我们远去，但是雷锋的精神呢？朱伯儒的这些事迹，为雷锋精神的深化再续篇章！时代永远需要那些乐于助人和敬老、爱老的人！

◎史海撷英

朱伯儒热心救助孩童

有一天，朱伯儒上街办事，看到一位年轻的农妇抱着一个不满周岁的小男孩，在武汉儿童医院的门口痛哭。朱伯儒便走上前去问道：“你在这里哭什么呀？”这位农妇哭着说：“两个月前，孩子发高烧，后来腿也伸不直了。在当地医院没治好，就来到武汉儿童医院。每个星期从孝感坐火车来着两次，治了一个多月，也没见好。今天来得晚了点，连号也没挂上……”

朱伯儒听了农妇的哭诉，便领着他们到了一家医院的儿科，并向医生讲了他们的遭遇，请医生为孩子仔细地检查。医生检查后说，孩子应当住院治疗，朱伯儒又帮助他们办了住院的手续。在住院期间，朱伯儒和爱人还去医院看望过小男孩几次。经过一个多月的住院治疗，小男孩的腿终于治好了。

周及明照顾孤寡老人

◎你不同情跌倒在地的老人，在你摔跤时也没有人来扶助。——格言

周及明是江西省奉新县中腰村的一位普通农民，他没有做过什么惊天动地的大事，却因为有一颗善良纯朴的心，使得他的名字被当地广大村民所熟知。

周及明是四川省广安县人。1977年夏天，24岁的他在同乡的带领下，来到田多人少的奉新县中腰村，帮当时的生产队收稻子，挣工分。中腰村是个四面环山的小山村，全村只有17户人家。周及明来到村后，村民们对他都很友善，队里还给他腾出一间会议室住，并且每天给他记12个工分。

不久后，周及明发现村里60多岁的余邦华、胡彰秀夫妇做农活很吃力，挣的工分也少，觉得他们很可怜。而且他又了解到，两位老人无儿无女，身患疾病，生活非常困难。一股对老人的怜悯之情从周及明的心头涌起。从那以后，周及明就时常到两位老人身边嘘寒问暖，帮老人挑水劈柴。随着时间的流逝，两位老人对周及明也越来越依赖，而周及明对两位老人也是经常牵肠挂肚。

1979年12月，周及明要回四川结婚成家。临走的那天，周及明在老人家，胡彰秀拉着周及明的手一声不吭，一个劲地掉眼泪。看着老人伤心的样子，周及明心里也是酸酸的。突然，一个念头从他心中冒出：把妻子接来，与自己一同照顾两位老人。

回到广安后，周及明就把自己的想法跟家里人说了。善良的母亲对他说：“妈虽然舍不得你走，但世间的好事总得要有人做，家里有你哥哥和姐姐会照

顾我们，你就放心去吧。”在父母的支持下，1980年2月，周及明和新婚妻子蒋东南又从四川登上开往江西的火车。

周及明夫妇来到中腰村后，余邦华、胡彰秀老人就再也不用做重活了。老人在中腰村只有两间旧瓦房，几十年来，周及明坚持让两位老人住在朝阳的一间大卧室，自己一家6口人挤在一个小房间里。余邦华老人患有比较严重的气管炎，每年一到冬季，老人就会犯病，周及明总是不厌其烦地为他请医生、买药。1990年，余邦华老人去世了，周及明夫妇以子女的身份，按当地风俗料理老人的后事。

2000年的一天，84岁的胡彰秀老人突发高血压，需要住院治疗。周及明夫妇二话没说，把家中所有的积蓄都拿了出来，送老人去了县医院。这时，老人叫住周及明夫妇说：“孩子，你们20多年来为了照顾我们这对孤寡老人，远离亲人，吃了不少苦。现在我已经一把年纪了，你们就别再为我费钱了，省点钱回四川老家去看看吧。”

周及明却安慰老人说：“妈，虽然我们家比较困难，但儿子怎么能不管自己的母亲呢？就是上银行贷款，我也要给您治病。”

在医院里，他们为老人洗脸喂饭、端屎倒尿，时刻守在老人身边，从没嫌弃过。在他们的精心照顾下，老人不久便康复了。老人这次住院花了5000多块钱，也就在这年的9月，周及明的三女儿考上了师范，却因家里拿不出钱交学费而辍学了。

虽然照顾老人很辛苦，有时还要被人误解，但周及明总是说：“虽然我家里负担较重，但只要肯劳动，一切困难都会过去的。”

◎故事感悟

就是这样一位朴实无华的农村汉子，在平凡的日子里，用自己的善良和勤劳在中腰村唱响了朴实无华的敬老曲。我们在为之感动的同时，也该将这种敬老、爱老的中华传统美德发扬光大。

尹秀琴与四位老人的故事

◎老者受尊敬，本是人最美好的一种特权。——格言

在天津，有一位名叫尹秀琴的普通妇女，她原本姓安，是天津低压开关厂的退休工人。1975年，她与相恋多年的男友办理了结婚登记手续，可就在两人幸福地筹备婚礼时，男友却突然因病住院，不久后离开了人世。看着因失去儿子痛心不已的公婆，尹秀琴这个未过门的儿媳妇也非常难过，于是下定决心，要承担起赡养两位老人的义务。她含着眼泪对两位老人说："你们的儿子走了，我就是您二老最亲的人，我要让你们晚年过上舒心的生活。"于是，她随爱人的姓，改叫尹秀琴，从此后视公婆为养父母，未过门儿的媳妇变成了女儿。

在尹秀琴的精心照料下，两位老人渐渐抚平失去儿子的伤痛，一家三口又过上了平静的生活。但有件事一直让两位老人挂在心上，那就是尹秀琴的婚事。尹秀琴当时只有26岁，有不少人为她介绍对象，都被她一一回绝了。两位老人很着急，养母亲自做她的工作，问她要找个什么条件的。尹秀琴平静地说，条件只有一个，只要人好，能帮我一起照顾您二老就行。听了她的话，养母流下了感动的眼泪……

在两位老人的热心张罗下，尹秀琴认识了天津第二印染厂工人马长顺。小马为人老实憨厚，被尹秀琴的美德深深感动，主动要求入赘尹家，做了上门女婿。从此，小马就和尹秀琴一起照顾两位老人。一年后，他们又有了一个健康活泼的儿子，一家五口老少三代生活在一起，一过就是16年。

1993年，尹秀琴的养父因患肺癌去世了。当时，马长顺的母亲也已经70

多岁了，并患有老年痴呆。尹秀琴就和养母商量，把自己的婆婆也接过来和他们一起住。谁知刚刚安顿好婆婆，住在乡下的生母又患了胃病，也需要人照顾，征得爱人和养母同意后，尹秀琴又把母亲也接了过来。这样，家里就住了三位70岁以上的老人需要他们照顾。

尹秀琴一家的生活并不宽裕，但为了能够照顾好几位老人的生活，尹秀琴和丈夫省吃俭用，七八年都没有添过一件像样的衣服，家里不论添置什么新东西，都要先给几位老人用。

有了尹秀琴和丈夫无微不至的照顾，三位老人的生活很幸福，一家人也很和睦。2000年9月，体弱多病的婆婆因病离开了人世。临终前，她紧紧地握着儿媳的手说："闺女，这辈子可苦了你了……"送走婆婆仅隔七天，母亲胃病复发，因为输血量赶不上失血量，也离开了他们。

尹秀琴经常说，"照顾好长辈，其实是我们分内的事。"其实，在生活中，大家就应该团结互助，这样我们的社会才能和谐，我们的生活才能更加幸福美好。

◎故事感悟

中国有句俗语："鸦有反哺之义，羊有跪乳之恩。"孝敬父母，尊敬老人是中华民族世代传承的美德。尹秀琴多年来精心照顾4位老人的生活，是尊老的典范。这才是"老吾老以及人之老"的真谛之所在啊！

王本增敬老爱老

◎对老年人的尊敬是自然和正常的。——格言

刘方宅是山东省阳信县劳店乡敬老院的一位居养老人，而王本增则是胜利油田的一名职工。他们二人之间似乎不会有什么联系，然而并非如此。

王本增出生于1962年，原籍山东省阳信县劳店乡皂杨村。1980年，他参加了工作，成为胜利油田的一名员工。

2003年秋，王本增返乡探亲时，专程探望了一位老同学的父母。一打听才得知，两位老人因年老体衰住进了当地的敬老院。王本增不辞辛劳地骑车奔走十几里，终于找到了两位老人。

当时，有43位老人暂居于此。他们当中，年龄最大的已年逾九旬，最小的也近花甲。敬老院虽然衣食不愁，但缺少必要的娱乐设施，唯一现代化的东西，就是一台彩电和一台洗衣机，但也都已无法使用。看到这些，王本增当场就对院长说："敬老院有啥困难我来想办法，我们一定得让每一位老人都能快快乐乐地安度晚年。"说完，他把身上仅有的200元现金递给了院长，用来改善一下老人们的生活。

2003年11月的一天，王本增乘车带着现金从东营赶来，没来得及回家看望三位兄嫂和年近八十的母亲，而是径直来到乡政府，找到民政助理说明来意。他们找来一辆汽车，一起来到阳信县城，转了很多家商场、超市，为敬老院买了一台电冰柜、三台高档洗衣机、一台彩电和一台影碟机以及VCD光盘、麻将、扑克牌等很多物品，然后又去药店为老人买了许多常用的必备药品。

送去物品后，王本增多次谢绝老人们及当地干部的挽留，拖着疲惫的身

子，踏上回家之路。

事后，兄嫂从当地媒体及当地领导的口中得知王本增真情敬老的事迹，转告了给了王本增的母亲。慈祥的老人非但没怪儿子，而是竖起大拇指夸奖儿子做得好。

第二年的某个公休日，王本增又悄悄地从东营赶了回来。他这次为老人们带来了常备药品、食用油、点心、扑克等日用品，价值数千元。老人们见到王本增，紧紧拉着他的手不肯放。王本增则逐一向老人们嘘寒问暖，了解每位老人的情况。当天，王本增又风尘仆仆地赶回老家。

王本增说："我是一名共产党员，这是我应该做的……只要有空闲，我就会常'回家'看看。"

◎故事感悟

王本增的故事感动着我们。尊敬老人、爱老助老是我们中华民族的传统美德，是先辈传承下来的宝贵精神财富。重视人伦道德、讲究家庭和睦是中华文化传统中的精华，也是中华民族强大凝聚力与亲和力的具体体现。

◎史海撷英

平　遥

唐·白玉

浑浑噩噩如一梦，传来慈母唤儿声。
声声似有千钧重，声声铭刻在心中。
三九天，好大风，风中有个白头翁。
七旬老父虽年迈，依旧为儿去担惊。

为老人驱逐孤独

◎知老、敬老、爱老，中华之美德。——格言

在上海农村，有位名叫陈有林的普通农民。13岁时，陈有林的父亲不幸去世，不久母亲改嫁，小陈只能孤身一人留在当地生产队里。从小失去亲人的他，更知孤独的滋味。

小陈家的隔壁住着一位60多岁的老太太傅秀珍。每次小陈看到老太太孤单的身影，心里总是无法平静。一个周末，小陈和妻子烧了一桌好菜，将傅秀珍老人请到自己家中，像家人一样围桌而坐，边吃饭边唠家常。老太太激动地告诉小陈，她无儿无女，自从老伴去世10多年来，她已经好久没有体会到这种家庭的温暖了。从此，小陈夫妇便与老人结下了“不是亲人，胜似亲人”的情缘，10多年来一直尽心尽力地关心照顾傅老太太。

有一次，老人因右眼患白内障，需要住院手术治疗，押金就要2000元。老人一时拿不出这笔钱，急得直流泪。这件事被小陈知道后，立即从家中取出钱将老人送往医院。傅老太太住院期间，小陈夫妻轮流照顾老人。在医生的精心治疗和小陈夫妇的照顾下，老人的手术进行得很顺利。老人出院后，小陈又专程陪老人到东方明珠电视塔、浦东第一八佰伴商厦游览，了却了老人治好眼疾到一睹上海新风貌的心愿。

老人的房子很旧了，需要整修，在部队里当过轮机长、会电工活的小陈就抽空帮老人排电线、安电灯；老人家中的煤气坏了，小陈就自己掏钱为她重砌了炉灶；老人的门窗旧了，小陈就买来油漆，将门窗粉刷一新；每当家中烧了好菜，小陈和妻子总是不忘给老人送去一碗；老人的衣服坏了，也是小陈夫

妇找到裁缝为老人修补。

陈有林平时不仅关心傅秀珍老人，对身边的其他老人也是百般敬重关怀。他常常带着苹果、糕点等礼品，到街道敬老院去看望那里的老人。有一年，小陈回乡探望生病住院的母亲，行前抽出时间购买了礼品，回家乡的同时还去看望了村里的几家孤老、五保户和烈属。当他看到一位烈士母亲的住房已经破旧不堪时，当即出资委托弟弟帮助老人翻修。随后，他又买了猪肉、糖、苹果和米酒等，前往乡里孤老院，探望了18位孤老。

◎故事感悟

老人是我们的长辈，他们辛劳了一辈子，为社会作出了一定的贡献，并在长期社会实践中积累了丰富的知识和经验。所以，尊敬老人既是对老人的关心与照顾，又是继承前辈们“财富”的体现。

曹桂香和八位老人的故事

◎呵护老人，由我们下一代承担！——格言

曹桂香（1948—），河南辉县杨树庄村人，河南省辉县农妇。被评为“河南省十大敬老楷模”、“中华孝亲敬老楷模”、“全国孝亲敬老之星”。

河南省辉县市上八里镇杨树庄村，有一位普普通通的农家妇女。她一生历尽坎坷，却用善良和真情，先后服侍了8位老人，让他们安享晚年。

这名朴实的妇女名叫曹桂香。曹桂香娘家的两个老人、婆家的两个老人都需要照顾，街坊邻居、村干部都说她是个孝顺的媳妇。

曹桂香原本姓白。5岁的时候，在城里当工人的父亲与出身贫寒的母亲离了婚。桂香清楚地记得，那一天，狠心的父亲不仅将母亲赶出了家门，还一脚把自己踢出好几步远。没多久，生活无望的母亲就带着桂香嫁到杨树庄村的曹家，桂香便改姓了曹，从此便跟着继父曹希忠长大成人。

桂香10岁那年，母亲病逝。16岁那年，桂香的继父又娶了妻子。一年后，继母又生了一个孩子，让本来就不宽裕的家庭更加拮据了。无奈之下，继父便在大山深处给桂香定了亲。

18岁那年，曹桂香嫁到大山里。十几年里，日子虽然清贫，但也算安稳。

然而，1985年中秋节下午，在山坡上放羊的丈夫不幸摔下几十丈高的山崖，撇下曹桂香和3个孩子，曹桂香哭得死去活来。接下来的日子，苦楚自然可想而知了。

两年后，饱受磨难的曹桂香带着3个孩子嫁给现任丈夫张彦利。张彦利是个老实巴交的农民，还带着多年失明的父母。

特殊的经历，让曹桂香有了两个娘家、两个婆家，共8位老人。

对待自己的生父和继母，曹桂香说："虽说他当初把我和娘赶了出来，但他老了没人管时，当女儿的怎么能不管呢？"继母也都快90岁了，父亲死后的十几年，都是曹桂香悉心照料。继母时常尿裤尿床，桂香每隔几天就要跑十几里路去给她洗洗晒晒。为了让她冬天少受罪，光棉被就给她做了7床，让她换着铺盖。继母说："我几辈子积德，遇上了桂香，桂香真比亲闺女还亲！"

继父曹希忠及妻子晚年也都先后患上难缠的慢性病，一个高血压，心脏不好，一个哮喘咳嗽，经常屙裤尿裤。桂香黑夜白天照顾这老两口，一天三顿伺候他们，哪一顿都是先给二老熬好药，做好饭，再跑回家做自己的饭，隔三差五地还给包顿饺子。

曹桂香的第一任公婆吕氏夫妇做梦也没有想到，数年以后，已经改嫁到七八里外、成了别人家儿媳的桂香还会赡养他老两口，而且比任何一个儿子媳妇照顾得都好。那年春天，吕氏下山来向桂香借粮，桂香家里没有白面，就到邻居家借了半袋白面给公婆。左邻右舍都劝桂香："你早已改了家门，离开他们吕家了，按理按法你不管他们都行，何必给自己找这个负担呢？"桂香却说："别说他们曾经是我的公婆，就是个过路的，我也不能看着不管。人老了，没能耐了，儿子们又都往外推，不愿照顾他们，我再不管那不是往死路上逼他们吗？"

曹桂香的现任公婆张氏夫妇，双目失明好多年了。虽然膝下有4个儿子，但自从桂香来到他们家后，老两口的生活才被照顾得好一些。

曹桂香自己已经年近花甲了，身体还有病，但她总是尽自己所能赡养着老人。平时一有空，曹桂香就到坡上采点药材，到村周围捡点破烂换点钱贴补生活，给老人们改善改善生活。曹桂香常说："咱自己多干点，老人们就能过得更好点。"

◎故事感悟

曹桂香是一位普普通通的农村妇女，可她又是一位不平凡的孝敬老人的榜样。曹桂香通过自己赡养8位老人的实际行动，把善良的中国农村妇女的形象充分地展现出来，把中华民族尊老敬老的传统美德鲜活地呈现在我们面前！

第四篇

恭师敬长

黄帝敬小儿

◎疾学在于尊师。——《吕氏春秋·劝学》

黄帝，生卒不详，少典之子，本姓公孙，长居姬水，因改姓姬，居轩辕之丘（在今河南新郑西北），故号轩辕氏。出生、创业和建都于有熊（今河南新郑），故亦称有熊氏，因有土德之瑞，故号黄帝。他以统一中华民族的伟绩而被载入史册。他播百谷草木，大力发展生产，创造文字，始制衣冠，建造舟车，发明指南车，定算数，制音律，创医学等，是承前启后中华文明的先祖。

中华民族有着悠久的历史，自古以来就有着尊师的传统。这种优良的传统可以追溯到很久远的年代，追溯到中华民族的始祖——黄帝。

大约在四五千年前，在黄河、长江流域，居住着许多氏族和部落。其中最有名的一个部落首领就是黄帝。传说中的黄帝姬姓，号轩辕氏，也叫有熊氏，他是一位传奇式的英雄人物，是后代人十分尊崇的圣贤。黄帝非常尊重贤才，只要有才能的人，不论年龄、地位如何，他都尊为老师，虚心请教。民间流传着一个黄帝拜小牧童为师的故事。

有一天，黄帝带着几个随从到很远的具茨山去拜访圣人大隗。当车行到襄城郊野的时候，前面没有路了，他们只好停下车来，四处找路。可是，原野茫茫，山路崎岖，怎么也找不到路，找来找去，连回去的路也辨不清了。想要找一个人问问路，可周围连一个人影也没有，大家的心情十分沮丧。

落日渐渐西沉，几个人又困又乏。黄帝心里非常焦急，仰慕已久的大隗见不到，连晚上在哪儿住宿都不知道，怎么办呢？正在这时，突然有一个随从叫了起来:“看，马！”

大家随着这个人的手指看过去。真的，远远的山坡上出现了一匹马。紧跟着，两匹、三匹、四匹……有一群马正从远处悠闲地边吃着草边走过来。

“有马，就一定有牧马的人，牧马的人一定认识路。我们去请教他吧！”几个随员七嘴八舌高兴地议论着。

“你们说得有道理，快把牧马人请过来，我们向他问问路。”黄帝吩咐道。

“小孩子！牧马的是个小孩子！”又是最先发现马的那个人叫了起来。

“不，看看有没有大人，小孩子不认路。”另一个人说。

马群越走越近，再也没有见到其他牧马人。赶马的是个小童子，年龄只有九岁左右，一脸的稚气。他能知道路吗?

“小孩子，你知道这附近有一座具茨山吗?”黄帝问道。

“知道。”小童张口就答。

“哦，”黄帝很高兴，又问，“你知道有一位叫大隗的圣人吗?”

“知道。”小童想都没想。

“哦，很好，很好。”黄帝更高兴了，他又问:“你知道圣人大隗住在什么地方吗?”

“知道啊。”小童眨了眨眼睛，回答得仍是那么干脆利落。

众人都十分惊奇。黄帝感叹地对周围的人说:“人不可貌相啊。这个小孩子不仅知道具茨山，还知道圣人大隗居住的地方，真了不起。看来，他是个非常有才能的人，我们何不向他请教呢?”

黄帝走近小童，俯下身去，非常认真地说:“小孩子，我再请教你，你知道应该如何治理天下吗?”

小牧童没有马上回答，他想了想，说:“治理天下，是大人们的事。但我想那治理天下的人，也不过和我们平时要做的事差不多，他还需要做什么呢?我小时候，要游览天下，当时正生着病，担心实现不了自己的愿望。这时，有位长辈教导我说:‘你游览城之野时，应该日出而游，日落而息。’我按他的话去做，很好地实现了自己的愿望。我现在病已好多了，我将要游览更远的地力。您说的治理天下，只不过像这样罢了。我没有什么好说的了。”

“说得好啊！”黄帝似乎从小童的话中悟出了什么道理，连连点头。

这时已过黄昏，天已渐渐黑了，有两个随从催促黄帝赶快上路，刚才发现小孩的那人说：“轩辕黄帝啊，时间不早了，别再跟小孩子费时间了。我们快走吧，否则就见不到圣人大隗啦！”

“你说得不对，”黄帝严肃地对那个人说，“我们面前的小孩不就是圣人吗？他小小的年纪，说出的话含有多深的道理啊。我想，他一定还懂得更多的道理，我们为什么不抓住机会再向他请教呢？”

说完，黄帝又俯下身子，恭恭敬敬地向牧童作了一个揖，说：“小牧童，你还能指教我些什么呢？”

小牧童看看眼前这个气度不凡、说话和气的长辈，说：“我是牧马的，就拿放马来打比方吧。那治理天下的人，说实在的，与牧马的人也没有什么不同的地方，只不过是把马群中的坏马驱除出去罢了。”

“除掉害群之马，真精辟啊！”黄帝连声赞叹。

接着，他后退了两步，俯在地上，向小牧童拜了两拜，嘴里不住地说：“天师，你真是我的天师啊！”

◎故事感悟

黄帝不因为小儿年龄小而轻视他，而是怀着谦虚的态度去向他请教。这正是“恭师敬长”、“不耻下问”的传统美德啊！能者皆为师。在平时工作和学习中，我们也应当培养这种精神，使自己得到更好的发展。

◎史海撷英

黄帝实施的政治制度

在黄帝统治时期，他建立了最早的古国体制，即划野分疆，八家为一井，三井为一邻，三邻为一朋，三朋为一里，五里为一邑，十邑为一都，十都为一师，十师为一州，全国共分九州。同时设官司职，置左右大监，监于万国，设三公、三少、四辅、四史、六相、九德（官名）共120个官位管理国家。对各级官员提出“六禁重”，“重”是过分的意思，即“声禁重、色禁重、衣禁重、香禁重、味禁重、室禁重”，要求官员节简朴素，反对奢靡。提出以德治国，“修德振兵”，以“德”施天下，一道修德，唯仁是行，修德立义，尤其是设立“九德之臣”，教养百姓九行，即担任法官、后土担任狱官，对犯罪重者判处流放，罪大恶极者判处斩首等。

◎文苑拾萃

黄帝祠宇

黄帝祠宇位于浙江省缙云县仙都国家级风景名胜区内。原名缙云堂，曾是轩辕黄帝三大行宫之一——三天子都的所在地，始建于东晋成帝咸和（326-334）年间，是我国古代道教活动中心之一。

黄帝祠宇坐东南朝西北，与陕西黄帝陵遥相呼应，形成“北陵南祠”的格局，是中国南方祭祀、朝拜中华民族人文始祖轩辕黄帝的主要场所。

孔子尊老子

◎君子隆师而亲友。——《荀子修身》

李耳（生卒不详），字伯阳，又称老聃，是中国古代最伟大的哲学家和思想家之一，道家学派创始人，世界文化名人。后人称其为“老子”（古时“老”字的读音和“李”字相同）。楚国苦县（今河南省鹿邑县太清宫镇，一说为安徽亳州涡阳）人。

公元前521年春，孔子得知他的学生宫敬叔奉鲁国国君之命，打算前往周朝都城洛阳去朝拜天子，觉得这是个向周朝守藏室之史老子请教“礼制”的好机会，于是征得鲁昭公同意，便与宫敬叔同行前往。

到达洛阳的第二天，孔子便徒步前往守藏史府去拜望老子。

老子听说誉满天下的孔丘前来求教，赶忙放下手中的笔，整顿衣冠出迎。

孔子见大门里出来一位精神矍铄的老人，料想便是老子，急趋向前，恭恭敬敬地向老子行弟子礼。进入大厅后，孔子再拜后才坐下来。

老子问孔子为何事而来，孔子离座回答：“我学识浅薄，对古代的‘礼制’一无所知，特地向老师请教。”老子见孔子这样诚恳，便详细地表达了自己的见解。

回到鲁国后，孔子的学生们请求他讲解老子的学识。孔子说：“老子博古通今，通礼乐之源，明道德之归，确实是我的好老师。”

同时还打比方赞扬老子说：“鸟儿，我知道它能飞；鱼儿，我知道它能游；野兽，我知道它能跑。善跑的野兽我可以结网来抓住它，会游的鱼儿我可以用丝条缚住鱼钩钓到它，高飞的鸟儿我可以用弓箭把它射下来。至于龙，我却不能够知道它是如何乘风云而上天的。老子，就犹如龙一样呀！”

◎故事感悟

“孔子尊老子”的故事一直被传为佳话。这两位“大贤”的会面，彰显了中华民族传统美德。老子的诚恳值得我们学习，孔子的敬贤、尊师的传统美德更为我们所敬仰！

◎史海撷英

老子无为而治的思想

“无为而治”的思想，最早是由老子提出来的。老子认为，天地之间万物都是由道化所生的，而且，天地万物的运动变化也都遵循着“道”的规律。

那么，“道”的规律又是什么呢？老子说：“人法地，地法天，天法道，道法自然。”(《道德经·二十五章》)也就是说，道的最根本规律就是自然，即自然而然、本然。既然“道”是以自然为本的，那么对待事物就应该顺其自然，讲究无为而治，让事物按照自身的必然规律自由发展，使其处于符合“道”的自然状态，而不是对它横加干涉，不以“有为”去影响事物的自然发展。

◎文苑拾萃

《道德经》

《道德经》又名《道德真经》、《老子》、《五千言》、《老子五千文》，是中国古代先秦诸子百家前的一部著作，为当时的诸子所共仰，传说是春秋时期的李耳(似是作者、注释者、传抄者的集合体)所撰写，也是道家哲学思想的重要来源。

《道德经》分上下两篇，原文上篇为《德经》，下篇为《道经》，不分章，后来改为《道经》在前、《德经》在后，共八十一章，是中国历史上首部完整的哲学著作。

刘庄敬老

◎一日之师，终身为父。——关汉卿

汉明帝刘庄（28—75），字子丽，庙号显宗，东汉第二位皇帝。汉光武帝刘秀第四子，母为阴丽华。初名刘阳，封东海王。建武十九年（43）立为皇太子，中元二年（57）即皇帝位。

汉明帝刘庄做太子的时候，博士桓荣是他的老师。后来，刘庄继位做了皇帝，“犹尊桓荣以师礼”。

虽然已经成为九五之尊，但刘庄却经常亲自到太常府去，让桓荣坐东面，设置几杖，像当年讲学一样，聆听老师的指教。而且，他还将朝中百官和桓荣教过的学生数百人等，召到太常府，一起向桓荣行弟子礼。

桓荣生病时，刘庄就派人专程去慰问老师，甚至有空时还亲自登门看望。每次探望老师时，他都是一进街口便下车步行前往，以表示对老师的敬重。

进门后，刘庄也往往紧紧拉着老师枯瘦的手，默默垂泪，很久才离去。当朝皇帝对桓荣尚且如此，所以“诸侯、将军、大夫问疾者，不敢复乘车到门，皆拜床下”。

桓荣去世时，刘庄还特意换了衣服，亲自临丧送葬，并将老师的子女都做了妥善的安排。

常言道：一日为师，终身为父。古往今来，尊师重道的故事比比皆是，汉明帝刘庄做了皇帝后仍对自己的老师如此以礼相待，为后人作出了表率。

◎故事感悟

汉明帝尊师重道，对老师桓荣的诚敬、礼遇，让人深受感动。他身为帝王，为臣民作出示范。尊师重教是中华民族的传统美德。在中国历史上，凡是有作为的政治家、思想家、教育家无不重视教育，尊重教师。

◎史海撷英

明章之治

汉明帝刘庄统治时期，吏治非常清明，境内也十分安定。明帝曾多次下诏招抚流民，以郡国公田赐贫人、贷种食，并兴修水利。因此，史书记载，当时民安其业，户口滋殖。光武帝末年，全国载于户籍的人口为2100多万。到了汉明帝末年，在不到20年的时间中人口就激增至3400多万。明帝以及随后的章帝在位期间，史称“明章之治”。

华佗敬长求教

◎尊师则不论其贵贱贫富矣。——《吕氏春秋·劝学》

华佗（145—220），东汉沛国谯（今亳州市）人，字元化。三国时期著名医学家。少时曾在外游学，钻研医术而不求仕途。精通内、妇、儿、针灸各科，外科尤为擅长，行医足迹遍及安徽、山东、河南、江苏等地。他曾用“麻沸散”使病人麻醉后施行剖腹手术，是世界医学史上应用全身麻醉进行手术治疗的最早记载。又仿虎、鹿、熊、猿、鸟等禽兽动态创作名为“五禽之戏”的体操，教导人们强身健体。后因不服曹操征召被杀，所著医书已佚。今亳州市有“华佗庵”等遗迹。

华佗是汉代著名医学家。他精通内、外、妇、儿、针灸各科，尤为擅长外科。华佗成了名医以后，来找他看病的人很多。

一天，来了一个年轻人，请华佗给他看病。华佗看了看说：“你得的是头风病，药倒是有，只是没有药引子。”

“得用什么药作药引子呢？”

“生人脑子。”

病人一听，吓了一跳，上哪去找生人脑子呢？只好失望地回家了。

过了些日子，这个年轻人又找了位老医生，老医生问他：“你找人看过吗？”

“我找华佗看过，他说要生人脑子作药引子，我没办法，只好不治了。”

老医生哈哈大笑，说：“用不着找生人脑子，去找十个旧草帽，煎汤喝就行了。记住，一定要找人们戴过多年的草帽才顶事。”

年轻人照着去做，果然药到病除。

一天，华佗又碰到这个年轻人，见他生龙活虎一般，不像有病的样子，于是就问：“你的头风病好啦？”

“是啊，多亏一位老先生给治好了。”

华佗详细询问了治疗经过，非常敬佩那位老医生。他想向老医生请教，把他的经验学来。他知道，如果老医生知道他是华佗，肯定不会收他为徒。于是，他装扮成普通人的模样，在那位老医生家当了三年学徒。

一天，老师外出了，华佗同师弟在家里煎药，门外来了一位肚子像箩、腿粗像斗的病人。病人听说这儿有名医，便跑来求治。

老师不在家，徒弟不敢随便接待，就叫病人改天再来。病人苦苦哀求道：“求求先生，给我治一下吧！我家离这儿很远，来一趟不容易。”

华佗见病人病得很重，不能迟延，就说：“我来给你治。”说着，拿出二两砒霜交给病人说：“这是二两砒霜，分两次吃。可不能一次全吃了啊！”

病人接药，连声道谢。

病人走后，师弟埋怨道：“砒霜是毒药，吃死了人怎么办？”

“这人得的是鼓胀病，必须以毒攻毒。”

“治死了谁担当得起？”

华佗笑着说：“不会的，出了事我担着。”

那个大肚子病人拿药出了村外，正巧碰上老医生回来了，便走上前求治。老医生一看，说道：“你这病容易治，买二两砒霜，分两次吃，一次吃有危险，快回去吧！”

病人一听，说：“二两砒霜，你徒弟拿给我了，他叫我分两次吃。”

老医生接过药一看，果然上面写得清楚，心想：“我这个验方除了护国寺老道人和华佗，还有谁知道呢？我没有传给徒弟呀？”

回到家里，问两个徒弟：“刚才大肚子病人的药是谁开的？”师弟指着华佗说：“是师兄。我说这药有毒，他不听，逞能。”

华佗不慌不忙地说：“师傅，这病人得的是鼓胀病，用砒霜以毒攻毒，病人吃了有益无害。”

“这是谁告诉你的？”

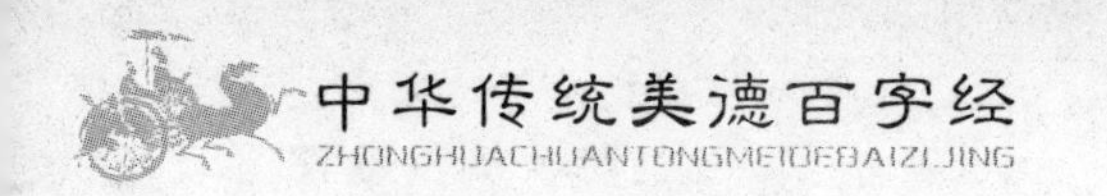

"护国寺老道人，我在那儿学了几年。"

老医生这才明白过来，他就是华佗，连忙说："华佗啊，你怎么到我这儿来当学徒啊！"

华佗只好说出求学的理由。

老医生听完华佗的话，一把抓住他的手说："你已经名声远扬了，还到我这穷乡僻壤来吃苦，真对不起你呀！"

老医生当即把治头风病的单方告诉了华佗。

◎故事感悟

正因为华佗敬佩、尊重老先生，他才肯隐姓埋名、谦虚求学。这就是尊师重道的体现啊！古往今来，大智者，博学多才，仍虚心好学，以长为师；不仅重视学业的进步，更重视品德和意志的修养。

◎史海撷英

华佗巧医郡守

东汉时期，有个郡守患了疑难杂症，找了很多医生都没有医好，于是郡守的儿子就来请华佗，并向华佗陈述了父亲的病情，苦求救治。

华佗来到郡守居室，询问之中言语轻慢，态度狂傲，而且要了很高的医药费，拿到钱后，不但不给治疗，还留下一封书信谩骂郡守。

郡守为了治病，原本已强忍再三，结果发现华佗不仅骗了他，还大骂他一通，勃然大怒，派人追杀华佗，最终也没有寻到华佗的踪迹。愤怒之下，郡守吐了数升黑血，结果沉疴顿愈。原来，这是华佗使用的一种心理疗法，利用喜、怒、忧、思等情志活动调理患者的机体，使其尽快康复。

林则徐孝亲尊师

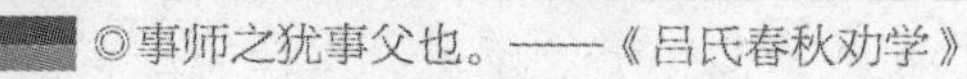

◎事师之犹事父也。——《吕氏春秋劝学》

林则徐（1785—1850），福建侯官人（今福建省福州），字元抚，又字少穆、石麟，晚号俟村老人、俟村退叟、七十二峰退叟、瓶泉居士、栎社散人等。清朝后期著名政治家、思想家和诗人，民族英雄，其主要功绩是虎门销烟。官至一品，曾任江苏巡抚、两广总督、湖广总督、陕甘总督和云贵总督，两次受命为钦差大臣；因主张严禁鸦片、抵抗西方侵略，坚持维护中国主权和民族利益，深受国人敬仰。

林则徐为官后，发觉自己“舍迎养一事，别无可以自慰者”，于是又遣人回故里，恳请双亲前来。林父喜欢乡居生活，不愿意到城里去，但感于林则徐的孝心，就让林母前往。他还亲自写信告诉林则徐：“汝勿强余，余行不能至，恐汝转以忧去职也。”林则徐捧读父亲亲笔信，不禁涕泣。

同乡前辈林春溥此时已辞官归里，林则徐十分羡慕，赋诗云：“桑梓东去恋春晖，早脱官袍著彩衣。……我为简书惭负米，白云迥望正依依！”父亲去世后，林则徐把父亲手绘的《饲鹤图》随身携带，作为永久纪念。

孝亲者必尊师。林则徐对恩师张师诚也极为敬重，一生感怀恩师的教诲。恩师张师诚（福建巡抚），不仅教其修习经典，还助其考取功名、出仕。师恩激励着林则徐一生奉公为民。

林则徐当年还是穷书生时，在县衙门担任管理书信的工作。一天，县令突接上司巡抚张师诚的命令，要他拿办林则徐解送省里。县太爷虽知林则徐是规矩人，但巡抚的命令又不敢违抗，便和林则徐商量，给他行资，让他潜逃。林则徐知道自己并没做不法之事，坚持听凭押解上省。他说："苟有罪，不逃刑，无则可大白于世，不能以含糊了事！"就这样被押解省里。巡抚见到他，拿出几封他代县令写的公函，问是不是他经手，林则徐点头称是。巡抚忙起身趋前携手，说："我早就知道是你的本事，想请你来做书记官，特地试试你的胆量，你不怪我吧？"这是一试。

林则徐在省里做书记官，有一年春节前，为巡抚大人写一封拜表贺岁，本来是例行公事，谁知道送张师诚过目时，在拜表上改了无关紧要的几个字，并要他即时再抄正。林则徐赶着回家过年，虽感费解，还是认真抄正了，等到天亮张师诚回来，看了一遍拜表，就向林则徐"作一长揖"，说："从前看你的书法，越到临尾，越有精神，我心里就很佩服了，现在更加相信。我看人不少，都凭这点占卜别人的功名富贵，多数应验。你将来功名一定胜过我，我愿把我的子孙都托付给你。"这是二试。

后来的发展，果然没让张师诚看走眼，林则徐在功名方面果然大大超过了张师诚。追究根溯源，张师诚可谓有先见之明。

老师识人明察的态度令林则徐一生奉行，而且收效颇佳，他还用这方法选了沈葆桢当女婿。

沈葆桢本是林则徐幕僚中一个小书记。一年除夕，众宾客都回家过年了，独沈葆桢未走，照样办公。林则徐偶尔出来看见，问沈葆桢："今日除夕，幕宾均宁家，汝奚事留此？"沈葆桢说："治事未竟，故独后。"林则徐注视沈葆桢许久说："事有奏章，今夕须缮发，汝留此，大佳。"于是，交给他一份长逾千言的疏稿，命他誊写，沈葆桢写完时已三更了。看了一遍，并未写错字或漏写，就到林则徐面前复命，并说打算就回家去。哪知林则徐忽然说："字太荒率，宜重录。"沈葆桢遂连忙重誊一遍，誊好，天已将晓。随即又送进去，林则徐看过，笑说："此差可。"一会儿，拜年的都来了，林则徐含笑对众人说："今日贺正，并当贺我得佳婿。"众人都很惊异。林则徐乃把沈葆桢介绍给众人说："此我婿也。"

原来，林则徐见沈葆桢除夕还在办事，且重誊文件一点也不躁怨，知道他是大器，所以看重他。后来沈葆桢果然科名连捷，著立功绩，为清代中兴名臣。

◎故事感悟

林则徐尊敬老师，值得效仿。这正是："非孝亲尊师无以成人，非知耻改过无以成才，非修身明德无以成就！"尊师重教是中华民族的传统美德。"一日为师，终身为父"的训诫将代代相传。

◎史海撷英

林则徐开发南疆

道光二十一年（1841）十一月初九日到新疆后，林则徐不顾年高体衰，从伊犁到新疆各地"西域遍行三万里"，实地勘察了南疆八个城，加深了对西北边防重要性的认识。林则徐所译资料中发现沙俄对中国的威胁，促成了他抗英防俄的国防思想，成为近代"防塞论"的先驱。他明确向伊犁将军布彦泰提出"屯田耕战"，有备无患。他还领导群众兴修水利，推广坎儿井和纺车。人们为纪念他的业绩，称为"林公井"、"林公车"。林则徐根据自己多年在新疆的考察，结合当时沙俄胁迫清廷开放伊犁，指出沙俄威胁的严重性，临终时尚告诫"终为中国患者，其俄罗斯乎"！林则徐的远见卓识，已被后来的历史所证实。

◎文苑拾萃

"林则徐星"

1996年6月7日，中科院北京天文台陈建生院士发现一颗小行星。按照国际小天体命名委员会的规定，谁发现了小行星，谁就拥有命名权。陈建生院士所领导的施密特CCD小行星项目组和国际小天体命名委员会成员、北京天文台朱进博士提议，将这颗新发现的小行星命名为"林则徐星"。

林则徐生前禁毒及治水业绩，获得了全世界的认同，因此，国际小天体命名委员会批准了中科院的建议。"林则徐星"位于火星与木星之间，沿椭圆轨道以4.11年的周期绕太阳运动。

鲁迅尊敬师长

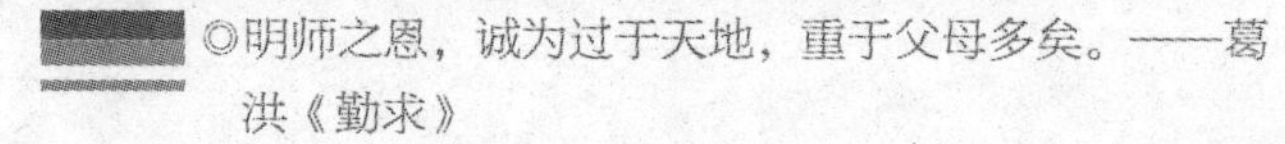

◎明师之恩，诚为过于天地，重于父母多矣。——葛洪《勤求》

鲁迅（1881—1936），字豫才。原名樟寿，字豫山、豫亭。以笔名鲁迅闻名于世。浙江绍兴人，20世纪中国重要作家，新文化运动的领导人、左翼文化运动的支持者。中华人民共和国的评价为现代文学家、思想家、革命家。鲁迅的作品包括杂文、短篇小说、评论、散文、翻译作品，对于五四运动以后的中国文学产生了深刻的影响。

尊师是一切伟大人物的共同品质，鲁迅也不例外。

鲁迅12岁时进绍兴三味书屋，在寿镜吾先生身边学习了四年多。寿先生是当地有名的宿儒，品德高尚，学识渊博，对学生要求很严，“有一条戒尺，但是不常用，也有罚跪的规则，但也不常用”。他常帮助有困难的学生。鲁迅父亲病重，急需一种“三年以上陈仓米”，鲁迅多方搜求未果便告知寿先生。几天后寿先生自己背了米送到鲁迅家里。

鲁迅对启蒙老师寿先生也十分敬重。他谨记师训，刻苦学习，努力进取。虽然课程较深，他却潜心攻读，迎难而上，经常受到老师表扬。有一次，鲁迅因事迟到，寿先生批评了他。鲁迅深知老师的批评正是对他的爱护，从此对自己要求更加严格，并在课桌上刻了一个“早”字，随时提醒自己。后来鲁迅无论求学南京，还是留学日本，或人京工作，只要回乡便不忘去看望寿先生。1906年他奉母命从日本回乡完婚，仅在家10天，也要去寿先生家坐一坐。1912年进京工作后仍与其保持书信联系。1915年底寿夫人病逝，鲁迅又主动送挽幛致哀。在散文《从百草园到三味书屋》中，鲁迅称寿先生是一个

“极方正、质朴、博学的人”，给予极高评价。

17岁时，鲁迅到设在南京的江南陆师学堂附设的矿务铁路学堂求学。该校总办（校长）俞明震（字恪士）是一位拥护新政、主张维新的开明人士，许多教员都跟不上他的进步思想。鲁迅曾生动地描写这位师长：“第二年的总办是一个新党，他坐在马车上的时候大抵看着《时务报》。考汉文也自己出题目，和教员出的很不同。有一次是《华盛顿论》，汉文教员反而惴惴不安地来问我们道：‘华盛顿是什么东西呀？……’”

俞明震很欣赏鲁迅的才华，对鲁迅也十分器重。鲁迅赴日本留学时，俞先生亲自送他到日本。鲁迅从未间断过与先生的往来。在教育部任职时，俞先生也在北京，他就常常抽空去看望先生。在鲁迅日记中，每提到俞明震先生，总以“俞师”或“俞恪士师”相称。1918年11月22日，俞明震在杭州病逝，鲁迅得知以后，特从北京寄去挽幛以示哀悼。

鲁迅留学日本仙台医专时，有一位藤野先生给了他不倦的教诲。那时，许多日本教师和学生受了狭隘民族主义者的煽动，歧视中国的留学生，这使鲁迅的心灵受到伤害。独有一位藤野先生，却对学生一视同仁。因此，鲁迅对藤野先生也非常敬重。他把藤野先生改正过的讲义订成三厚本，精心保存，作为永久的纪念。鲁迅离开仙台时，藤野先生送给他一张照片，背面写着“惜别”二字。鲁迅一直珍藏着，回国后将它悬挂在北京寓所东壁上。他还专门写了《藤野先生》这篇散文，热情歌颂藤野先生正直、严谨、没有偏见等高尚品德。他在文中写道：“在我所认为我师的之中，他是最使我感激，给我鼓励的一个。”在鲁迅晚年，日本要出版《鲁迅选集》，征求他的意见，他唯一的要求是希望把《藤野先生》一文选进去。1935年，鲁迅病重期间，还向日本学者增田涉打听藤野先生的消息。鲁迅认为：“他对我的热心的希望，总而言之，是为中国，就是希望中国有新医学；大而言之，是为学术，就是希望新的医学传到中国去。他的性格，在我的眼里和心里是伟大的。”

鲁迅在日本时，曾向章太炎先生学习文字学，他们之间建立了深厚的师生情谊。在此后的30年里，尽管见面的机会不多，但鲁迅对章太炎先生始终保持深厚的感情。他的日记中多次出现“谒章师”、“在章先生寓”的记载。

到了晚年，鲁迅对章太炎先生所讲的《说文解字》虽多有遗忘，但“先生的音容笑貌还在眼前”。

1913年至1916年，章太炎因反对袁世凯被囚禁于北京，鲁迅常冒着危险前往探视慰问。

1936年6月，章太炎逝世后，国民党反动派把他打扮成“纯正先贤”宣布要进行“国葬”；也有一些报刊贬低他为“失修的尊神”，而早年革命家的章太炎被掩盖起来。于是，鲁迅不顾病重，于逝世前10天写下了著名的《关于章太炎先生二三事》和《因太炎先生而想起的二三事》等纪念文章，为自己的老师鸣不平，颂扬章太炎先生说：“考其生平，以大勋章作扇坠，临总统府之门，大诟袁世凯包藏祸心者，并世无第二人；七被追捕，三入牢狱，而革命之志，终不屈不挠者，举世亦无第二人。这才是先哲的精神，后生的楷范。”表达了对章太炎先生的深深敬意，不仅是对章太炎先生盖棺论定的杰作，也是鲁迅先生一生的绝笔。

◎故事感悟

所谓“师恩如海”，鲁迅先生不但是一位伟大的文学家、思想家和革命家，也是一位尊师的楷模。从鲁迅先生与几位老师之间的关系来看，鲁迅尊师，便尤其重道。这既是他尊师的标准，也成为后来为师爱生的准则。

◎史海撷英

鲁迅孙辈与藤野先生孙辈的首次对话

2009年9月24日，鲁迅的孙子周令飞与鲁迅恩师“藤野先生”——藤野严九郎的孙子藤野幸弥，相约在鲁迅曾经工作过的厦门大学会面，一起参加了日本东北大学和北京鲁迅纪念馆共同在厦门主办的“中日视野下的鲁迅”国际学术研讨会。两人还在当晚展开了现场对话，就“鲁迅与藤野、中国与日本”进行了广泛的交流。

鲁迅的孙子周令飞时任上海鲁迅文化发展中心主任，而藤野先生的孙子藤野幸弥则是日本神奈川县农业共济组合支所长。两个人的聚首，是鲁迅家族与藤野家族第三代人的首次会面。在国际学术会议举办期间，日本东北大学还在厦门大学举办了“鲁迅在仙台”的图片展，共展出150多张珍贵图片。其中，鲁迅在仙台医专教室所观看的幻灯片(15张)，以及藤野先生为鲁迅亲自批改的“医学笔记”等影印件，是这次展览最主要的内容。

华罗庚尊师重道

◎师者，人之模范也。——扬雄

王维克（1900—1952），小名兆祥，江苏金坛人。中国著名教育家、翻译家。1917年入南京河海工程学校（今河海大学前身）。之后，转赴上海大同大学学习数理，毕业后又入震旦大学专修法语。1925年，他与一批同学远涉重洋到法国留学。就是在这个时期，他成了举世闻名的女科学家居里夫人的一名中国学生。1928年，王维克学成归国，在上海中国公学任教授。王维克爱好文学，酷爱翻译工作，一生译著有数百万字。主要译著除但丁的《神曲》外，还有印度史诗《沙恭达罗》（初版有柳亚子先生题词）、法国名剧《希德》（曾获中法联谊会文学首奖）、俄国《屠格涅夫散文诗》和比利时名剧《青鸟》等。他的主要编著有《日食和月食》、《自然界印象记》等自然科学书籍。1951年，华罗庚将王维克推荐到商务印书馆工作，担任编审员。

著名教育家、翻译家王维克先生，是发现华罗庚数学天才的第一人。华罗庚成名之后，不止一次地说过：“我能取得一些成就，全靠我的老师栽培！”

1947年，华罗庚从国外回来，马上赶回故乡看望恩师王维克。那年夏天，他在金坛应邀作了一次学术报告。作报告前，他特地将王维克先生请到主席台上。进会堂的时候，华罗庚一定要王维克走在他前面；就坐时，他也只肯坐在王老师的下首。

新中国成立后，华罗庚被任命为中国科学院数学研究所所长。他几次亲自到王维克先生北京寓所探望，并邀请他到科学院工作。后来，王先生由华罗庚推荐到商务印书馆担任编审员，从而使这位教育家、翻译家能为新中国贡献更多的力量。

1950年，华罗庚见王维克老师给他的信，马上就提笔复函，起首第一句就是:“归后，见书函盈尺，但不能不先复吾师……”

1952年4月4日，王维克不幸患胃癌在金坛病逝，华罗庚闻讯后十分悲痛。他一面给师母陈淑写信，深表哀悼；一面又重托他在金坛的子舅吴洪年代他到老师灵前默哀。此后，他便一直像亲人一样，热心照顾陈淑师母及王维克的子女。

1980年5月21日，华罗庚到江苏推广“优选法”与“统筹法”，借机回到故乡金坛。当被问及回金坛主要有哪些活动时，他笑着回答说；“我这次回金坛，第一件事就是看望陈淑师母，第二件事是去母校看看。”华罗庚一到县委招待所住下，就特地请人将陈淑师母接到所里，一见面就用地道的金坛话亲切地喊道:“师母好！”

当陈淑师母把一本新版王维克先生的重要译著但丁《神曲》签上自己的名字赠给华罗庚时，华罗庚十分动情地说:“谢谢！谢谢！这是王老师的心血啊！”

◎故事感悟

正是这种尊师重教的优良品质和对数学坚韧不拔的追求与迷恋，才使华罗庚有了后来的伟大成就，成为闻名世界的数学大师，为伟大的中华民族增光添彩。华罗庚的这种尊师重道的精神值得我们学习。

◎史海撷英

熊庆来慧眼识英才

1930年春，华罗庚的论文《苏家驹之代数的五次方程式解法不能成立的理由》在上海《科学》杂志上发表。当时，正在清华大学数学系担任主任的熊庆来教授看到了这篇文章，并对这篇文章十分重视。他问周围的人说："这个华罗庚是谁？"但大家谁都没有听说过华罗庚这个名字。后来，一位名叫唐培经的清华教员向熊庆来介绍了他的同乡华罗庚。熊庆来了解了华罗庚的自学经历和数学才华后，说："这个年轻人不简单啊！应该请他到清华来。"就这样，清华大学打破常规，让只有初中文化程度的华罗庚进入清华大学任教，从此开始了他伟大而光辉的一生。